Chère lectrice,

Une déclaration d'amour, ça se prépare : on ne peut tout de même pas déclarer sa flamme à l'élu de son cœur n'importe comment ! Qu'elle soit douce, tendre, drôle ou encore originale, une déclaration d'amour doit être pensée et réfléchie pour être réussie. Du simple « je t'aime » lancé yeux dans les yeux, à un dîner romantique aux chandelles, en passant par un poème ou un voyage en amoureux, la passion peut se décliner sur tous les tons. C'est justement à la délicate tâche de la déclaration d'amour que vont s'atteler nos héros de ce mois-ci. A vous de voir quelle est votre préférée.

Je vous donne rendez-vous le 15 avril pour de nouvelles histoires tendres et romantiques, et, en attendant, je vous souhaite une bonne lecture.

La responsable de collection

Père avant tout

JUDITH McWILLIAMS

Père avant tout

COLLECTION HORIZON

*éditions*Harlequin

Cet ouvrage a été publié en langue anglaise
sous le titre :
HER SECRET CHILDREN

Traduction française de
MARIE-JOSÉE LACUBE

HARLEQUIN®

est une marque déposée du Groupe Harlequin
et Horizon® est une marque déposée d'Harlequin S.A.

Originally published by SILHOUETTE BOOKS,
division of Harlequin Enterprises Ltd.
Toronto, Canada

83-85, boulevard Vincent-Auriol, 75013 PARIS — Tél. : 01 42 16 63 63
Service Lectrices — Tél. : 01 45 82 47 47
ISBN 2-280-14414-X — ISSN 0993-4456

Prologue

« Madame,

» Ce courrier vous est adressé à la demande de notre client, la Clinique Westinger. Votre défunt mari et vous-même vous étiez adressés à cet établissement de procréation médicalement assistée réputé voici quelques années.

» Au cours d'une analyse des comptes, il est apparu que l'ancien directeur avait vendu par erreur les ovules congelés de certaines de ses patientes, sans obtenir au préalable leur autorisation. Vous êtes au nombre de celles-ci.

» Afin de légaliser la situation, nous vous faisons parvenir deux décharges à nous retourner dûment signées :

» - La première pour la Clinique Westinger, par laquelle vous renoncez à engager toute poursuite à son encontre.

» - La seconde pour M. James Thayer, par laquelle vous renoncez à exercer quelque droit que ce soit sur les jumeaux aujourd'hui âgés de six mois et nés de la réimplantation de vos ovules. M. James Thayer conserve donc la garde exclusive de ces enfants.

» Nous vous remercions par avance de votre compréhension.

» Recevez, Madame, l'assurance de nos respectueux hommages. »

Edgar MEDWIN »

MEDWIN & MEDWIN — Cabinet d'Avocats

1.

— J'y suis presque, j'y suis presque, se répétait Vicky Sutton avec un mélange d'excitation et d'appréhension.

Après un dernier virage en épingle à cheveux, elle arriva enfin sur une grande ligne droite, où elle put accélérer. Sa petite voiture de location bondit en avant, comme si elle partageait sa hâte d'arriver.

Elle avait parcouru tant de chemin depuis deux semaines ! Et il ne s'agissait pas seulement de la longue route depuis Philadelphie jusque dans cette région rurale d'Angleterre, mais aussi du cheminement moral qu'elle avait fait depuis qu'elle avait reçu la fameuse lettre.

La lettre de l'avocat de la clinique lui avait causé un tel choc que, tout d'abord, elle avait cru à une erreur ou à une plaisanterie de mauvais goût. Puis elle avait ressenti une colère effroyable à l'idée qu'une personne de confiance, en l'occurrence le médecin chef, ait pu commettre une telle infamie.

Sa colère s'était peu à peu transformée en immense joie devant les conséquences de cet acte inconsidéré. Puis Vicky avait dû ronger son frein en attendant que les avocats des parties respectives trouvent un terrain d'entente pour régler cette affaire apparemment sans précédent.

Aujourd'hui, après deux mois d'une insupportable attente, elle était sur le point de réaliser son rêve le plus cher. Elle allait enfin voir les enfants.

Ses doigts fins se crispèrent sur le volant tandis qu'elle se rappelait qu'elle allait aussi rencontrer quelqu'un d'autre : un homme qui n'avait pas du tout envie de la connaître et lui avait même formellement interdit de venir. Il avait seulement accepté, à contrecœur, de recevoir son avocate, Me Lascoe, quand elle-même, Vicky, l'avait menacé de poursuites judiciaires.

Elle frissonna à la pensée de la réaction qu'il aurait en découvrant sa supercherie : à la dernière minute, elle avait décidé de venir en personne en se faisant passer pour son avocate.

Oh ! et puis, après tout, peu lui importait ! James Edward Andrew William Thayer n'aurait pas le dernier mot pour une fois, ce qui n'avait pas dû lui arriver souvent dans sa vie d'homme nanti.

Juste après la courbe qui suivait la ligne droite, elle retint son souffle en découvrant les imposants piliers de grès qui marquaient l'entrée de *Thayer House.*

Elle s'engagea lentement dans une large allée de graviers bordée d'arbres centenaires. Tout au bout, on apercevait un manoir de trois étages perché sur une petite butte. Il était si impressionnant que Vicky se sentit soudain intimidée.

Plus elle approchait, plus son cœur battait la chamade à l'idée que son élégante façade abritait les enfants qu'elle avait rêvé toute sa vie d'avoir. Ces enfants qu'elle n'espérait plus avoir un jour, jusqu'à ce que, deux semaines plus tôt, son rêve de maternité se trouve exaucé de la manière la plus invraisemblable.

Abandonnant la voiture au bout de l'allée, elle se précipita vers les marches imposantes du perron. Elle saisit le lourd heurtoir de cuivre et le laissa retomber d'un coup sec sur l'élégante porte noire. Comme elle n'obtenait pas de réponse, elle en frappa un second coup. Une minute plus tard, la porte s'ouvrit enfin sur un petit homme replet en costume noir.

— Bonjour, madame.

Vicky prit une profonde inspiration pour essayer de parler d'une voix posée.

— Je suis Me Lascoe. Je viens voir M. Thayer.

— Entrez, je vous prie. Monsieur vous attend.

En pénétrant dans le vaste hall, Vicky ne put s'empêcher de jeter des coups d'œil de droite et de gauche, tout en sachant qu'elle n'avait aucune chance d'y trouver ses jumeaux de six mois, probablement à l'abri d'une nursery.

Le majordome la conduisit de l'autre côté. Elle le suivait, les jambes tremblantes, de plus en plus nerveuse.

— M. Thayer a demandé à être prévenu dès votre arrivée. Si vous voulez bien l'attendre ici...

Il la fit entrer dans un grand salon garni de superbes meubles Chippendale et de canapés habillés du même chintz vert un peu passé que les lourdes tentures, et lui proposa de s'asseoir.

Vicky le remercia d'une voix étranglée, tant l'émotion lui serrait la gorge. Elle était arrivée au bout de ses peines. Enfin, presque... il lui restait un obstacle à franchir entre elle et ses deux enfants, et non des moindres : James Thayer lui-même.

Mais elle était bien décidée à obtenir ce qu'elle voulait. Pour ses enfants, elle se serait battue contre le diable en personne ; alors, ce n'était pas un riche châtelain anglais qui allait l'arrêter.

Incapable de rester en place, sitôt que le majordome fut ressorti, elle traversa la pièce et s'approcha d'une des deux portes-fenêtres qui donnaient sur une vaste terrasse dallée. Au-delà s'étendait à perte de vue une pelouse impeccablement entretenue. Sur la droite se trouvait une jolie roseraie et au loin on apercevait une longue serre surmontée d'un dôme pointu.

Elle vit un homme en sortir et traverser la pelouse en direction de la maison. A son port de tête altier et son élégance vestimentaire, elle devina qu'il s'agissait du maître des lieux.

Curieuse de voir de plus près le père de ses enfants, elle s'approcha davantage encore de la vitre. Ainsi elle aurait un avantage infime dans la confrontation à venir : elle aurait eu le temps d'observer celui qu'elle considérait comme son adversaire, tandis que lui ne l'aurait jamais vue. Il avait la démarche souple et assurée d'un athlète et son visage était d'une beauté saisissante...

Elle fronça les sourcils en sentant ses poils se hérisser sur ses bras. Cette réaction physique inattendue la déstabilisa un instant. L'homme avait des cheveux châtain foncé auxquels le soleil donnait de beaux reflets roux, ses yeux étaient de couleur sombre et son regard impénétrable. Quels secrets cachait-il donc ? Ses lèvres serrées semblaient traduire une certaine contrariété. Celle que lui causait la nouvelle de son arrivée, sans doute.

Il ne voulait pas qu'elle vienne voir les jumeaux et l'avait bien dit, mais elle se moquait éperdument de ce qu'il pensait. Il ne la convaincrait pas de disparaître de leur vie. Ni maintenant, ni jamais. Les jumeaux étaient les seuls enfants qu'elle aurait sans doute jamais et elle comptait bien s'occuper d'eux comme leur mère. Et pas seulement par intermittence.

Elle inspira profondément, essayant de contrôler sa nervosité. L'entretien qui l'attendait n'aurait rien d'agréable, elle le savait. Non seulement elle détestait les confrontations d'une manière générale, mais l'allure décidée de James Thayer l'intimidait particulièrement. Il allait certainement mal réagir en découvrant qu'elle était venue à la place de son avocate, Me Lascoe.

En le voyant approcher de la porte-fenêtre, elle recula, comme pour mettre un peu de distance entre eux. Et quand il l'ouvrit et pénétra dans la pièce, elle eut le sentiment qu'elle ne pouvait plus fuir, même si elle en éprouvait une envie irrésistible.

— Bonjour, Maître, lui dit-il après un bref signe de tête.

Son accent typiquement anglais lui rappela l'époque où sa meilleure amie et elle avaient suivi avec passion le mariage de Diana et de son prince à la télévision. Elle s'était dit à ce moment-là que quand on aime vraiment quelqu'un, rien n'est impossible.

Mais elle n'avait plus rien de l'adolescente romantique qu'elle était alors. Elle avait appris, depuis, que la vie était bien différente des rêves.

James cligna des yeux pour s'habituer à la faible lumière de la pièce, puis une nouvelle fois lorsqu'il découvrit la ravissante jeune femme qui se trouvait debout près de la cheminée.

Il avait l'incroyable impression de la connaître depuis toujours. Comme une femme qu'il aurait follement aimée, et qui lui reviendrait après une longue absence. Il avait envie de la prendre dans ses bras et de la serrer très fort contre lui pour l'empêcher de repartir.

Il devait se ressaisir sans tarder. Me Lascoe était non seulement une parfaite inconnue mais, surtout, une réelle menace pour sa tranquillité d'esprit et l'équilibre affectif de ses deux enfants.

Il l'examina plus attentivement, cherchant à comprendre l'étrange réaction qu'il venait d'avoir. Etait-ce parce qu'elle ressemblait vaguement à son ex-femme ? Ses cheveux étaient du même blond foncé que ceux de Romayne, mais à en juger par la clarté de sa peau, leur jolie couleur était naturelle et non due au talent d'un coiffeur.

Ses yeux se posèrent sur sa bouche et il fut pris d'une invraisemblable envie d'y poser la sienne. Puis il laissa errer son regard, et fut saisi par la couleur de ses yeux bleus, les plus extraordinaires qu'il eût jamais vus. Et par leur expression intelligente et vive. Etait-elle assez fine pour percevoir son trouble ? Il espérait bien que non, sinon elle risquerait de s'en servir contre lui.

De son côté, Vicky, qui était déjà très tendue, fut totalement déstabilisée par l'agréable sensation qu'elle éprouva quand il lui serra la main. Heureusement, il la lâcha aussitôt. Il était totalement inopportun voire malséant d'éprouver une quelconque attirance pour cet homme, se dit-elle en triturant nerveusement son alliance. Elle avait déjà une fois par le passé succombé à ce genre de relation passionnelle et savait bien où cela l'avait menée.

— J'ai vraiment hâte de voir les jumeaux, dit-elle pour rompre le lourd silence.

— Les jumeaux… oui… oui, bien sûr.

Elle essaya de deviner les sentiments que cachait James Thayer derrière son visage impassible. Elle sentait bien qu'elle n'était pas la bienvenue chez lui, ce qu'elle comprenait parfaitement. Si elle avait été comblée en apprenant la nouvelle qu'elle était la mère biologique de deux jumeaux de six mois, lui avait dû être atterré en apprenant qu'une inconnue réclamait le droit de voir ses enfants.

Cependant, même si elle regrettait de venir bouleverser ainsi sa tranquillité, les sentiments de cet homme passaient après son propre désir de voir ses enfants, de les aimer et de jouer un rôle dans leur vie.

— J'espère bien qu'après avoir constaté qu'ils se portent bien, vous conseillerez à votre cliente de retirer sa demande de droit de garde.

Vicky envisagea un instant de lui avouer sa véritable identité et de lui dire que rien ne pourrait la décider à repartir dans son pays en oubliant qu'elle laissait derrière elle deux enfants. Puis elle y renonça. Cela ne ferait que le mettre en colère. Ou, du moins, encore plus qu'il ne l'était déjà, à en juger par ses mâchoires serrées. Il risquerait alors de lui interdire de voir les jumeaux. Cette idée l'emplit de panique. Elle lui dirait la vérité plus tard. Une fois qu'elle les aurait vus.

— En tant que père des enfants…

— Leur mère étant Mme Sutton…

— Simplement parce qu'elle a fourni sans le savoir un minuscule ovule…

— Sans cette contribution, Marie-Rose et Edmond n'existeraient pas.

Vicky résista à l'envie de lui faire remarquer que sa contribution à lui était encore plus infime. Toutefois, elle était consciente que cela n'arrangerait en rien la situation. James Thayer ne semblait pas être le genre d'homme à accepter d'être battu en brèche dans quelque domaine que ce soit.

— Mais c'est moi qui les élève...

— Tout simplement parce qu'il y a deux semaines encore, leur mère biologique ignorait leur existence !

James Thayer ressentit un bref sentiment de culpabilité, qu'il réprima aussitôt. Ce n'était pas de sa faute si le médecin chef de la clinique américaine où Mme Sutton avait fait congeler ses ovules avait pris la décision illégale de les vendre à son insu. Lui, James, croyait sincèrement que ces ovules provenaient d'une donneuse anonyme et consentante. Il n'était donc pas responsable de la douleur morale de cette femme.

Par contre, ce serait lui le responsable si elle causait du tort à ses deux enfants en insistant pour jouer un rôle dans leur vie. Il ne comprenait d'ailleurs pas sa requête. N'était-elle pas simplement curieuse de les voir ? A moins qu'elle n'ait un mobile plus inquiétant ? L'argent, par exemple. Ses enfants hériteraient un jour de la fortune qu'il possédait, mais aussi de sa position sociale élevée dans l'aristocratie anglaise. Est-ce que Mme Sutton ne cherchait pas à profiter de son rôle de mère biologique des jumeaux pour améliorer sa situation financière et son statut social ?

Il se fit la réflexion que son avocate ignorait sans doute les véritables desseins qui animaient cette femme. Son joli visage aux traits délicats avait une expression bien trop innocente. Elle n'avait vraiment rien de commun avec les avocats puissants et retors qu'il avait l'habitude de côtoyer. Ce devait être une idéaliste qui croyait encore aux contes de fées et aux histoires qui se terminent bien.

Et elle prêtait sans doute à sa cliente ses propres idéaux et sentiments maternels.

— Allons, ne me dites pas que Mme Sutton s'est brusquement découvert un amour débordant pour ces deux enfants dont elle ne connaissait même pas l'existence il y a si peu de temps !

— C'est leur mère !

— Et moi, je suis leur père !

— Cette discussion ne nous mènera à rien, monsieur Thayer. Nous ferions mieux de rechercher un terrain d'entente. Croyez-moi, Mme Sutton n'essaie pas d'usurper votre place, ni celle de votre épouse, d'ailleurs.

— Ex-épouse. Romayne ne joue aucun rôle dans leur vie. Elle a demandé le divorce et s'est remariée après leur naissance ; depuis, elle est installée en France. C'est moi qui ai la garde exclusive des enfants.

Vicky perçut le « Dieu merci ! » qu'il n'avait pas formulé à voix haute. Elle aurait aimé lui poser quelques questions ; comment, par exemple, une femme pouvait-elle mettre au monde deux bébés et les abandonner ensuite ? D'accord, ils n'avaient pas été conçus avec ses propres ovules, mais elle les avait tout de même portés pendant neuf mois !

De même, comment avait-elle pu quitter un homme comme lui ? James Thayer semblait posséder toutes les qualités qu'une femme peut souhaiter trouver chez un mari. Mais peut-être ne fallait-il pas se fier aux apparences. Elle-même en savait quelque chose.

Elle chassa aussitôt les souvenirs douloureux qui lui revenaient à la mémoire. Le passé était mort et enterré. Elle avait décidé une fois pour toutes de ne plus le remuer et s'était résolument tournée vers l'avenir.

— Je suis ici pour m'assurer que les enfants grandissent dans un environnement propice à leur épanouissement, aussi bien que pour discuter avec vous des modalités d'une garde partagée.

Vicky essayait d'employer une des techniques qu'elle avait apprises lors d'un séminaire de deux jours sur la maîtrise de soi : en cas de discussion conflictuelle, il fallait toujours tenir des propos raisonnables et parler avec assurance. Mais elle craignait bien de n'être pas suffisamment armée contre un James Thayer.

— D'une garde partagée ! rugit-il comme si elle avait proféré une obscénité.

— Pourquoi pas ?

Vicky ne voulait pas se laisser intimider malgré sa colère. Battre en retraite pour éviter le conflit n'était pas une solution ; cela, c'était son premier mariage qui le lui avait appris.

— Mme Sutton est américaine, reprit James Thayer d'un ton accusateur. Les jumeaux, eux, sont anglais. Et Edmond sera l'héritier de ce domaine. Il faut qu'il se prépare à le gérer un jour.

— Edmond a six mois. Il a largement le temps d'apprendre ce qu'il aura besoin de savoir plus tard, quand il aura atteint l'âge d'assumer de telles responsabilités. Pour le moment, ce n'est qu'un enfant, et ma cliente est justement désireuse de s'assurer que ses enfants vivent une enfance épanouie.

— Il faut qu'Edmond s'attache très jeune aux devoirs qui lui incomberont plus tard et il ne pourra pas le faire si Mme Sutton réussit à l'embarquer pour les Etats-Unis.

— Ma cliente ne demande pas qu'il vive là-bas de façon permanente.

— Elle est trop bonne ! Quant à vous, voudriez-vous vous asseoir, que je puisse en faire autant ?

Ce brusque changement de sujet la prit par surprise.

— Si vous voulez.

Elle choisit une chaise Chippendale au dossier finement sculpté et à l'assise recouverte d'une tapisserie avec des franges qu'elle jugea d'un goût douteux.

— Merci, lui dit James Thayer en s'installant sur le canapé bien rembourré qui lui faisait face. J'ai inventé une histoire plausible pour expliquer votre visite et votre séjour chez moi.

— Pourquoi travestir la vérité ? répondit-elle en éprouvant un brusque sentiment de culpabilité devant cet accès de franchise de son hôte.

Elle-même n'était-elle pas coupable d'une imposture ? Mais celle-ci était nécessaire. Et elle ne durerait pas longtemps. Dès qu'elle aurait vu les enfants, elle lui révélerait sa véritable identité.

— Les gens pourraient ne pas comprendre.

Les gens ? A qui faisait-il référence ? Avait-il une nouvelle femme ?

— Nous dirons que vous êtes une parente éloignée d'Amérique qui, pour dresser l'arbre généalogique de sa famille, a demandé à examiner nos archives. Il ne faut surtout pas perturber ma grand-tante qui vit ici avec moi. Elle est un peu... excentrique, acheva-t-il après avoir hésité avant de choisir ce mot.

Vicky se demandait bien ce qui pouvait paraître excentrique aux habitants d'un pays qui avait engendré Benny Hill et les Monty Pythons. Quoi qu'il en soit, elle n'avait aucune intention de perturber la vieille dame. Tout ce qu'elle voulait, c'était voir ses enfants. Et le plus vite possible.

— Je ferai mon possible pour ne pas troubler la sérénité de votre tante ou de quiconque dans cette maison, l'assura-t-elle.

Trop tard en ce qui le concernait, pensa James. Il avait du mal à rester sur sa réserve face à sa trop charmante interlocutrice. S'il n'y prenait pas garde, il n'allait pas tarder à la traiter comme une amie de la famille. Il devait garder en tête que cette femme représentait pour lui et ses enfants un danger potentiel.

Pas une source de ravissement.

— A présent, puis-je voir les enfants ?

— Non, pas avant 4 heures.

— Et pour quelle raison ?

— C'est l'heure à laquelle je peux aller à la nursery. Entre la fin de leur sieste et leur dîner. Il est préférable pour des enfants d'avoir des horaires réguliers, énonça-t-il comme s'il récitait une leçon.

Vicky se retint de lui dire ce qu'elle en pensait, essentiellement parce qu'elle se demandait si ce n'était pas de sa part un moyen de gagner du temps et de retarder le plus possible le moment où elle pourrait enfin voir les enfants.

— Je voudrais...

On frappa un coup léger à la porte.

— Entrez, dit James.

Le majordome apparut.

— Monsieur, vous avez un appel de M. Murchin.

— Merci, Beech. Dites-lui...

James jeta un coup d'œil à Vicky comme s'il se demandait ce qu'il pourrait bien faire d'elle.

— Pourquoi n'irais-je pas à la nursery pendant que vous prenez votre appel ? suggéra-t-elle. Je ne réveillerai pas les enfants, c'est promis.

— Nanny n'aime pas qu'on change leurs habitudes.

« Au diable, la Nanny ! » pensa Vicky dans un accès de colère inhabituel chez elle. C'étaient *ses* enfants, après tout. Et elle avait fait toute cette route depuis les Etats-Unis pour les voir.

— Je vous emmènerai les voir à 4 heures, répéta James d'un ton sans réplique.

Elle ne fut guère surprise de son refus. La nurse semblait avoir réussi à dicter sa loi jusqu'à présent. Mais les choses allaient changer maintenant qu'elle était là. Ce n'était pas une employée qui l'empêcherait de voir ses propres enfants quand elle le désirait.

— Beech, reprit James à l'intention du majordome qui attendait patiemment, voulez-vous conduire Me Lascoe à la chambre chinoise, je vous prie ?

— Certainement, Monsieur.

Vicky comprit qu'il ne lui servirait à rien d'insister. Elle adressa à James Thayer un bref signe de tête et accepta de suivre le petit homme en silence.

Arrivés en haut du magnifique escalier en acajou, ils traversèrent un long couloir au bout duquel Beech s'arrêta devant une porte à deux battants.

— Voici votre chambre, madame, dit-il d'un ton cérémonieux.

Lorsqu'ils furent à l'intérieur, il désigna une porte sur le mur du fond :

— Et voilà votre salle de bains. Si vous avez besoin de quoi que ce soit, composez le 0 pour avoir l'office.

Vicky se fit la réflexion que *Thayer House* ressemblait davantage à un hôtel de luxe qu'à une habitation privée.

— Voulez-vous me confier vos clés ?

Devant son air interdit, il précisa :

— Vos clés de voiture. Pour pouvoir monter vos bagages.

Vicky fouilla dans son sac et les lui tendit. Ses réactions déplacées allaient finir par éveiller la méfiance des habitants de *Thayer House*. Il fallait qu'elle tienne le coup jusqu'à 4 heures. Ensuite, une fois qu'elle aurait vu ses enfants et révélé son identité, elle pourrait ne plus s'astreindre à jouer ce rôle que décidément elle maîtrisait mal.

Pourquoi se sentait-elle aussi mal à l'aise dans cette maison ? Elle avait l'impression que la vie y était régie par une multitude de règles qui différenciaient les maîtres des lieux de ceux qu'ils toléraient sous leur toit. Comme elle.

« Aucune importance, se dit-elle pour essayer de reprendre un peu d'assurance. Dans quelques jours, je ne serai plus là. »

Sans doute, mais ses enfants, si. C'était dans ce monde qu'ils étaient appelés à vivre et à grandir. S'ils devaient y avoir leur place, ils allaient devoir apprendre des tas de choses qu'elle-même était bien incapable de leur enseigner. Ne finiraient-ils pas par devenir de véritables étrangers pour elle ? Ne finiraient-ils pas par la regarder avec condescendance comme le faisait le majordome en ce moment précis ?

Vicky se laissa tomber sur la bergère recouverte de soie vert pâle placée près de la cheminée de marbre blanc. Elle était découragée à l'idée de la tâche qui l'attendait. Pourquoi le médecin qui avait disposé de ses ovules ne les avait-il pas donnés à un gentil couple de classe moyenne ? Au moins, ils auraient eu, elle et eux, le même style de vie.

Son regard parcourut la pièce, appréciant la beauté délicate des meubles en acajou de style Régence, le luxe du tapis d'Aubusson, le grand lit à baldaquin. Mais le décor avait beau être raffiné, elle se sentait mal à l'aise dans cette pièce à la décoration trop pompeuse.

Elle en éprouva un brusque sentiment d'abattement. Mais se ressaisit rapidement. Peu importait si James Thayer offrait à ses deux jumeaux un cadre de vie luxueux. Ce dont un enfant avait besoin — qu'il grandisse dans un vaste manoir anglais ou dans un petit appartement new-yorkais —, c'était de l'amour et de l'attention de ses parents. Quelque chose qui ne s'achetait pas et ne pouvait pas non plus être délégué à une nurse, comme James semblait le faire.

Un léger coup frappé à sa porte la fit tressaillir. Ce ne pouvait pas déjà être Beech. James Thayer aurait-il finalement décidé de ne pas lui imposer une si longue attente avant de voir ses enfants ?

Elle se leva d'un bond et s'empressa d'aller ouvrir.

blanc. Elle était [illegible] à l'entrée de la [illegible] qui [illegible]. Pourquoi le médecin qui avait [illegible] de ses [illegible] ne lui avait-il pas donné [illegible] de [illegible] ? Au moins [illegible] de [illegible] le même style de vie.

[illegible] d'Auvergne [illegible] Mais [illegible] dans cette [illegible]

Elle [illegible] de [illegible] [illegible] de [illegible] un enfant était beau [illegible]

[illegible] pas [illegible] comme [illegible]

[illegible] pas [illegible] ?

Elle [illegible]

2.

Vicky considérait avec étonnement la vieille dame rondelette à cheveux blancs qui se tenait debout devant la porte de sa chambre.

Elle était vêtue d'une extravagante robe mauve, composée de plusieurs couches de voile, et ses épaules étaient recouvertes d'un magnifique châle de soie rouge bordé d'une longue frange du même ton.

De ses doigts ronds, tous ornés d'une énorme pierre — faux rubis, saphirs, zircons et émeraudes alternés —, elle tripotait un long collier de perles qui lui descendait jusqu'à la taille.

— Bonjour, jeune dame. Est-ce que nous nous connaissons ?

— Non, madame, répondit Vicky sans la moindre hésitation. Je suis Vicky...

Elle se tut aussitôt, se souvenant qu'elle était censée être Me Lascoe et se prénommer Kathleen. Décidément, elle ne ferait pas une bonne espionne si la vue d'une simple vieille dame réussissait aussi facilement à la déstabiliser. Que devait-elle faire à présent ? Malgré son grand âge, son interlocutrice n'était pas forcément atteinte de surdité ou de confusion mentale. Elle n'avait plus qu'à faire croire qu'il s'agissait là de son surnom, pour le cas où James Thayer se souviendrait du vrai prénom de son avocate.

— Je n'ai pas saisi votre nom de famille, lui dit aimablement la vieille dame.

— Lascoe. Et vous êtes madame...

— Pas madame, jeune dame, Lady. Je suis Lady Sophronia Elizabeth Alberta Edwina Thayer.

— Très heureuse de faire votre connaissance, Lady Sophronia, dit Vicky du ton le plus naturel possible.

— Appelez-moi Sophie. Vous êtes une amie de James ? Une petite amie, comme on dit de nos jours ? ajouta la vieille dame en l'examinant avec curiosité.

Vicky retint son souffle en s'imaginant, comme le sous-entendait Lady Sophronia, dans les bras de James Thayer. Il la serrerait contre lui, ses yeux bleus pleins de désir, sa bouche à demi-ouverte...

« Ressaisis-toi ! », se dit-elle aussitôt. La situation était déjà bien assez compliquée comme cela sans qu'elle se laisse aller à des rêveries stupides d'adolescente.

— Non, non, pas du tout, répondit-elle avec véhémence, comme pour mettre de la distance entre cet homme troublant et elle.

— Dans ce cas, que faites-vous ici ?

— Je suis une parente éloignée d'Amérique et je suis venue en Angleterre pour faire des recherches généalogiques et retrouver des documents sur les origines de ma famille. M. Thayer m'a gentiment proposé de m'héberger le temps que dureront mes recherches.

— Une vague parente, dites-vous ?

Sophie l'observait d'un regard perçant qui la mettait mal à l'aise. Elle aurait aimé en savoir davantage sur cette vieille dame étonnante. C'était sûrement la grand-tante excentrique dont James Thayer lui avait parlé.

— Vous qui vous intéressez à la famille, avez-vous vu nos deux derniers rejetons ? De beaux spécimens, j'ose le dire.

— Non, pas encore, mais j'en serais ravie, répondit Vicky du ton le plus naturel possible.

Son cœur battait si fort qu'elle craignait que Sophie ne perçoive son émoi.

La vieille dame écarta son châle pour consulter la montre-broche épinglée sur le devant de sa robe.

— Ce n'est pas encore l'heure du thé, alors nous pourrions aussi bien y aller tout de suite. L'autre ne sera peut-être pas d'accord, mais on s'en moque. Pour qui se prend-elle, celle-là ? ajouta Sophie en claquant la langue avec mépris.

— Peut-être n'y verra-t-elle pas d'inconvénient ?

Vicky avait hasardé cette remarque, certaine que Lady Sophronia faisait référence à la nurse. La vieille dame pinça les lèvres.

— On peut toujours essayer, dit-elle en se mettant en route dans le couloir d'un air décidé. Venez, ma fille. Qui ne risque rien n'a rien.

Après dix minutes de marche dans les entrailles du manoir, Sophie s'arrêta devant une porte blanche au troisième étage d'un couloir lumineux.

— Voici la nursery. Avec un peu d'espoir, elle n'y sera pas, siffla-t-elle entre ses dents.

La vieille dame tourna la poignée en cuivre et ouvrit tout doucement la porte.

Vicky prit une profonde inspiration pour tenter de calmer les palpitations de son cœur qui battait la chamade.

— Que puis-je faire pour vous, madame ?

Le ton sec démentait l'amabilité des paroles.

Une femme en uniforme bleu marine impeccable leur barrait la route. Vicky scruta la vaste pièce derrière elle, mais elle était vide. Les enfants ne devaient pas dormir là.

— Nous voulons voir Marie-Rose et Edmond, répondit Sophie.

— Je regrette. C'est l'heure de leur sieste ; il ne faut pas les déranger.

— Nous ne les réveillerons pas, dit Vicky avec un sourire conciliant alors que tout ce qu'elle souhaitait, c'était envoyer cette maudite femme au diable et se précipiter vers ses enfants.

— C'est non, répondit la nurse avant de leur refermer la porte au nez.

— Vous voyez, quand je vous dis qu'elle se croit tout permis…, marmonna Sophie avec colère. Mais je vous ai fait une promesse et Lady Sophronia tient toujours ses promesses.

Vicky, tendue comme un arc, se demandait bien ce que la vieille dame entendait par cette histoire de promesse. Elle en aurait hurlé de frustration.

— Vous ne connaîtriez pas une formule ou deux pour que je jette un sort à ce cerbère ? demanda Lady Sophronia tout à trac.

La question de la vieille dame déconcerta Vicky qui secoua la tête d'un air impuissant.

— Non, désolée, répondit-elle tout en souriant intérieurement à l'idée saugrenue de Lady Sophronia.

— Dommage ! Eh bien, dans ce cas, allons prendre le thé dans le petit salon.

Vicky la suivit à contrecœur dans le dédale de couloirs. Cette déconvenue la rendait malade de déception. Elle avait été sur le point de voir ses enfants, mais avait dû y renoncer, si près du but !

— Aux Etats-Unis, nous ne croyons pas aux malédictions, remarqua-t-elle un moment plus tard, alors que les deux femmes étaient installées dans le petit salon, une jolie pièce ensoleillée, décorée en bleu et jaune. Nous préférons utiliser des méthodes plus pragmatiques.

« Par exemple, Nanny aurait été licenciée sur-le-champ si elle avait eu un tel comportement envers son employeur », pensa-t-elle tout bas sans oser le dire.

— Dommage qu'on ne puisse plus se débarrasser des importuns en les éliminant tout simplement, soupira Sophie. Aujourd'hui, tout le monde se mêle des affaires des autres.

— Et c'est parfois une bonne chose, fit une voix reconnaissable entre mille.

James Thayer venait d'entrer dans le petit salon, un large sourire aux lèvres. Visiblement, il appréciait beaucoup sa tante. Il reporta son regard vers le canapé pour voir à qui sa tante s'adressait ainsi et se trouva face à une paire de magnifiques yeux bleus.

De son côté, Vicky perdit aussitôt conscience de tout ce qui l'entourait en dehors de son beau visage aux traits réguliers. La bouche sèche, son instinct de femme en alerte, elle s'étonnait pour la deuxième fois de la journée de l'effet que cet homme produisait sur elle.

Mais pourquoi ? Il était séduisant, certes, mais, à part à l'adolescence, elle ne s'était jamais laissé impressionner par la beauté d'un homme. Pas plus que par son statut social ou sa fortune. Alors pourquoi la troublait-il ainsi ?

Etait-ce parce qu'ils avaient des enfants en commun ? Dans ce cas, une fois qu'elle serait habituée à cette idée, elle pourrait le considérer comme un homme ordinaire... A supposer qu'on puisse qualifier d'ordinaire un bel aristocrate anglais vivant dans un impressionnant manoir d'époque rempli d'antiquités.

— Nous parlions des sorts qu'on aimerait parfois jeter, James, expliqua Sophie. Malheureusement, Vicky n'en connaît aucun.

— Vicky ? répéta James Thayer en se tournant vers celle-ci, les sourcils froncés. Je suis sûr que vos lettres étaient signées *Kathleen* Lascoe.

Elle aurait dû se douter qu'il était homme à regarder plutôt à deux fois la signature de tout courrier émanant d'un avocat.

— Vicky est le petit nom que l'on me donne depuis ma naissance, improvisa-t-elle en priant le ciel pour qu'il n'ait pas découvert quel était le prénom de Mme Sutton, la mère biologique des jumeaux.

Heureusement, toutes les lettres de la clinique et celles de son avocate faisaient référence à Mme Zane Sutton, du nom de son défunt mari.

Comme elle avait du mal à mentir ! Mais il lui fallait temporiser. Les choses seraient plus faciles quand elle aurait enfin vu ses enfants et pourrait révéler sa véritable identité à cet homme suspicieux.

Encore que, à en juger par son expression sévère, il serait bien capable, en l'apprenant, de la flanquer dehors sans ménagement. Voire même d'engager des poursuites en justice pour usurpation frauduleuse d'identité.

Elle accueillit avec soulagement l'arrivée du majordome stylé apportant le plateau du thé.

— Posez-le là, dit Sophie en indiquant la table basse devant elle.

Beech s'exécuta et s'inclina avant de quitter la pièce.

— Citron ou lait, Vicky ?

— Du lait, merci.

Après l'avoir servie, Sophie confia sa tasse à James Thayer, qui la lui remit cérémonieusement. En la prenant, Vicky évita que leurs doigts ne se touchent ; elle était déjà bien assez perturbée par la proximité de sa personne.

— Vicky dit qu'elle est à la recherche de ses origines, reprit Sophie.

Vicky craignit que la vieille dame ne fasse allusion à leur tentative de visite à la nursery, mais celle-ci n'en fit rien. Sans doute devait-elle trouver blessant de reconnaître s'être laissé mettre à la porte par une employée de maison.

— Au fait, Vicky, comment procède-t-on pour retrouver ses origines ?

Vicky réfléchit un instant avant de répondre.

— On cherche dans des banques de données généalogiques.

— Une des plus importantes au monde est détenue en Utah par les Mormons, tante Sophie.

— C'est vrai, mon garçon ? dit la vieille dame avec un regard pensif.

Vicky venait d'avoir eu confirmation que la vieille dame était bien la grand-tante de James Thayer à laquelle ce dernier avait fait allusion dans leur premier entretien. Elle se demanda un instant si elle était aussi superficielle qu'elle s'en donnait l'air avec ses goûts vestimentaires excentriques. En tout cas, elle la trouvait absolument charmante.

Quand l'horloge posée sur la cheminée tinta quatre coups, James reposa précipitamment sa tasse et se leva. Vicky découvrit avec étonnement l'expression de joie qui était apparue sur son beau visage ; il avait manifestement hâte de rejoindre la nursery. Peut-être ne se sentait-il pas seulement responsable des jumeaux, mais les aimait-il profondément ? Dans ce cas, pourquoi se contentait-il de la tranche horaire de visite imposée par la nurse ?

— Tu vas voir les enfants ? lui demanda Sophie avec un sourire affectueux. Embrasse-les bien fort de ma part.

— J'emmène Mme Lascoe.

— Bonne idée, mon chéri, commenta la vieille dame d'un air entendu.

James Thayer se demanda si, sous ses airs fantasques, sa tante n'avait pas parfaitement compris la véritable raison de la visite de la jeune femme. Elle était très intuitive. Cependant, il n'avait pas voulu lui parler de la lettre de l'avocate ni évoquer les conséquences de la démarche entreprise par la cliente de celle-ci, afin de ne pas l'inquiéter.

— Puisqu'elle fait partie de la famille, appelons-la Vicky, c'est plus simple, reprit sa tante.

« J'aimerais tellement que la situation le soit aussi ! » pensa-t-il. Mais il craignait bien de ne pas être débarrassé de sitôt de Me Lascoe. Ou, plus exactement, de Mme Zane Sutton, sa cliente. Car c'était bien Mme Sutton le vrai danger ; elle et sa satanée envie de se considérer comme la mère des jumeaux. Une fois passé l'attrait de la nouveauté, peut-être découvrirait-elle qu'il n'était pas facile de s'occuper de deux bébés, et renoncerait-elle à exercer tout droit sur eux ? Cette perspective optimiste lui remonta le moral.

— Si vous voulez bien me suivre, Maître...

— Je viens de te dire de l'appeler Vicky, le reprit gentiment sa tante. Et vous, ajouta-t-elle en se tournant vers Vicky, appelez-le James.

James Thayer savait d'instinct que ce n'était pas une bonne idée de tenter d'établir des rapports plus familiers entre eux mais il ne voulait pas déplaire à sa tante.

— Très bien. Vicky, vous venez ?

— Cours, vole, mon garçon ! reprit Sophie. Cette vilaine sorcière te laisse voir tes amours si peu de temps. Ne gâche pas une minute de ta précieuse heure de visite !

— Tante Sophie, tu as promis...

— Et je respecte ma promesse. Mais je peux bien dire ce que j'en pense. Allez, file !

Au grand soulagement de Vicky, James se contenta de hocher la tête et se dirigea vers la porte. Elle se hâta de lui emboîter le pas.

Lorsqu'au bout d'un long parcours, ils se retrouvèrent derrière la porte blanche, il se tourna vers elle.

— Vous ne devez pas dire à Nanny la véritable raison de votre visite. Personne ne doit la connaître.

— Vous commencez à vous répéter, rétorqua-t-elle, les nerfs à vif.

Pourquoi fallait-il faire un tel mystère de sa rencontre — tant attendue — avec les enfants ? *Ses* enfants ?

James ouvrit des yeux ronds et elle se demanda si c'était à cause du ton sec dont elle avait usé et qu'il n'était pas habitué à entendre.

Lorsqu'il frappa à la porte, le cœur de Vikcy cessa de battre et elle sentit ses jambes se dérober sous elle.

Quand la nurse ouvrit, elle entendit vaguement James et elle échanger des propos, mais elle n'était plus consciente que d'une chose : les deux bébés allongés dans un parc près de la grande fenêtre. Comme si leurs liens de sang l'attiraient tel un aimant, elle avança vers eux d'un pas que l'émotion rendait raide.

Ils étaient magnifiques ! Avec leurs petits visages ronds entourés de boucles blondes et leurs grands yeux bleu vif, ils étaient vraiment adorables.

Penchée au-dessus du parc, elle les contempla le cœur rempli d'amour et de fierté à l'idée qu'elle avait contribué à la conception de ces deux merveilles.

Lorsque Edmond tendit sa petite main vers elle en gazouillant comme s'il la reconnaissait, elle sentit les larmes lui monter aux yeux.

James l'observait, intrigué par l'émotion qui se lisait sur son visage. Pourquoi la vue des jumeaux lui faisait-elle un tel effet ? Prenait-elle autant à cœur toutes les affaires qu'elle défendait ? Dans ce cas, elle ne ferait pas long feu en tant qu'avocate. Elle serait usée en quelques années. En attendant, son identification évidente avec la mère biologique des enfants n'allait pas simplifier leurs discussions à propos de la demande de garde alternée.

Décidément, la situation se compliquait de minute en minute ! Mais, après tout, les sentiments de Vicky Lascoe et de sa cliente lui importaient peu. Tout ce qui comptait, c'était de maintenir un environnement stable à ses enfants et empêcher qu'ils ne soient trimbalés d'un parent à l'autre au risque qu'ils ne se sentent nulle part chez eux.

Edmond émit un autre gazouillement et James vit Vicky essuyer discrètement une larme. Mû par une impulsion qu'il n'expliquait pas, il se pencha et prit le bébé dans ses bras pour qu'elle puisse le voir de plus près.

Elle n'eut pas du tout la réaction qu'il escomptait. Se penchant à son tour au-dessus du parc, elle prit Marie-Rose dans ses bras.

James retint sa respiration, s'attendant à ce que sa fille manifeste à sa manière habituelle son mécontentement devant des inconnus : un regard outragé et un hurlement à vous percer le tympan. Mais elle n'en fit rien. Elle considéra Vicky un instant, puis la gratifia d'un de ses rares sourires.

Il fut horrifié d'en éprouver de la jalousie. Comment pouvait-il avoir une réaction aussi mesquine ?

— Bonjour, ma poupée, dit Vicky à la petite fille avant de déposer un baiser sur son front.

— Excusez-moi, monsieur. Vous ne tenez pas Edmond comme il faut.

Cette phrase de la nurse avait rompu le charme. Enlevant le petit garçon des bras de son père, elle le remit d'autorité dans le parc.

Vicky fut sidérée de voir que James Thayer, le puissant lord qui l'avait accueillie, se contente de s'excuser et d'obtempérer. Comment cet homme qui n'avait pas hésité à lui imposer sa volonté pouvait-il se laisser mener à la baguette par ce cerbère intraitable ?

A moins qu'il n'éprouve aucun sentiment envers les enfants, comme elle l'avait d'abord cru ? Qu'il ne voie en eux que les héritiers de son manoir et de sa fortune et non des êtres humains avec des besoins affectifs tout autant que physiologiques ?

Cette pensée lui glaça le sang et elle serra Marie-Rose plus fort contre elle, comme pour la protéger. Mais, si telle était la perception de James Thayer, sachant que ce serait Edmond qui lui succéderait, quelle place occupait la petite fille dans ses projets ?

— Vous tenez Marie-Rose trop serrée, lui dit alors la nurse. C'est un bébé, voyons.

— Elle n'a pas l'air de s'en plaindre, répondit-elle d'un ton aussi neutre que possible. Et les bébés sont des petits êtres plus robustes qu'on ne croit.

— Mais il s'agit de ceux de M. Thayer ! se récria la nurse, outrée.

— Et alors ? En quoi sont-ils plus fragiles que les autres ?

— Madame ! Vous les perturbez !

Vicky baissa les yeux sur Marie-Rose, qui faisait des bulles, l'air serein, puis regarda la nurse qui s'étranglait de fureur.

— C'est plutôt vous que je contrarie, rétorqua Vicky calmement. J'aimerais d'ailleurs bien savoir pourquoi.

James résista à la tentation d'appuyer Vicky, mais les enfants avaient trop besoin de leur nurse. Elle lui avait été chaudement recommandée et, jusque-là, ils avaient bien grandi grâce à ses bons soins. Quand il repensait aux petits êtres chétifs qu'ils étaient quand il avait enfin pu les ramener de l'hôpital, où ils avaient passé les deux premières semaines de leur vie en unité de soins néonatals...

— Vous vous apprêtez sans doute à les faire dîner, Nanny, dit-il finalement d'un ton conciliant. Nous allons vous laisser.

La nurse tendit les mains pour récupérer Marie-Rose et Vicky fut bien forcée de la lui donner. Elle ne rêvait que d'une chose : prendre ses deux bébés dans ses bras et les emmener au plus vite loin d'ici, dans un endroit où les parents n'étaient pas tenus à l'écart de leurs enfants.

James lut sa déception dans ses yeux et en éprouva un sentiment de culpabilité accrue. Il ne cherchait pas à prendre parti pour Nanny contre elle. Il agissait seulement dans l'intérêt des jumeaux.

C'est à ce moment que Vicky eut la conviction que la bagarre pour la garde des enfants ne faisait que commencer. Elle déposa un dernier petit baiser sur la tête de Marie-Rose, puis se pencha sur Edmond et lui caressa la joue avant de suivre James Thayer.

Elle se promettait d'être très vite de retour pour soustraire ses deux enfants à l'emprise de cette femme exécrable.

3.

Le lendemain matin à 7 heures, quand elle ouvrit les yeux, Vicky fut tout étonnée de se trouver dans un grand lit à baldaquin. Elle se souvint alors qu'elle n'était pas chez elle à Philadelphie, mais en Angleterre dans un impressionnant manoir d'époque.

Malgré le décalage horaire, elle n'avait plus sommeil et, en apercevant le beau soleil matinal par une des trois hautes fenêtres, elle bondit hors du lit, tout excitée à la perspective de la journée qui l'attendait.

Elle était si heureuse à l'idée de revoir ses deux enfants pour faire plus ample connaissance. Ils étaient si beaux et avaient l'air si éveillé ! Pas seulement parce que c'étaient les siens...

Il est vrai qu'ils avaient aussi du sang de James Thayer... Cette pensée la contraria, lui rappelant que James Thayer représentait un obstacle de taille entre eux et elle.

Cependant, il n'allait pas le rester éternellement. Il ne pouvait pas l'empêcher de jouer un rôle dans leur vie. Elle était leur mère, après tout ! Et aucune cour de justice ne rejetterait sa demande légitime. Cela dit, elle ne tenait pas du tout à engager un procès ; elle ne l'envisagerait vraiment qu'en dernier recours, car si les médias s'emparaient de l'affaire, cela ne pourrait que nuire aux enfants et les marquer à vie.

Non, il vaudrait bien mieux qu'elle parvienne à un accord à l'amiable avec James Thayer. Le problème, c'est qu'il n'était pas le genre d'homme à discuter, mais plutôt à imposer ses conditions.

Eh bien, il y avait toujours une première fois ! Quand il verrait qu'elle n'était pas prête à se laisser intimider ou acheter, il serait bien obligé de négocier. D'ailleurs, elle accélérerait le processus en lui révélant au plus vite qu'elle n'était pas Me Lascoe, mais la mère des jumeaux en personne.

Cette révélation comportait bien le risque qu'il la flanque dehors pour son imposture. Mais elle ne s'avouerait pas vaincue pour autant. Elle reviendrait à la charge. Et quand il comprendrait sa détermination, il serait bien obligé de composer avec elle.

Après avoir pris une bonne douche pour se réveiller, elle enfila la jupe beige et le chemisier vert foncé qu'elle avait sortis de son sac la veille au soir. Elle mit un peu de rose sur ses lèvres, se brossa les cheveux, décida de les laisser tomber sur ses épaules sans les attacher, puis se jeta un coup d'œil dans la glace.

« Une femme doit avoir l'air soigné, mais pas trop apprêtée », avait l'habitude de dire sa grand-mère. Cependant, Vicky se demandait quels étaient les critères de James Thayer en la matière. Il préférait sûrement les femmes sophistiquées. Et superbes.

En quittant sa chambre, elle fut tentée d'aller directement à la nursery, mais elle craignait de se perdre dans le dédale de couloirs et ne tenait pas à ce qu'on l'y trouvât en train d'errer pour sa première matinée au manoir.

« James ferait bien de fournir un plan à ses invités », se dit-elle tout en rejoignant le grand hall d'entrée. Elle y trouva Beech, qui proposa de la conduire à la salle du petit déjeuner.

Ayant décliné son offre, elle s'y rendit d'un pas alerte. Dès qu'elle aurait sa dose de caféine, elle réfléchirait à la meilleure façon d'avouer sa véritable identité au maître des lieux.

Arrivée sur le seuil de la pièce, elle s'immobilisa brusquement. Elle ne s'attendait pas à l'y trouver. Assis à une table ronde devant les reliefs de son petit déjeuner, il lisait le journal.

Il leva les yeux et elle eut l'impression que son regard pénétrant la traversait. « Allons, ressaisis-toi ! se dit-elle. Si riche et impressionnant soit-il, ce n'est qu'un homme. Et il n'a pas le pouvoir de lire dans tes pensées. »

Elle laisser errer son regard sur sa veste en tweed marron et admira sa large carrure. C'était un homme, pas de doute là-dessus ! Et des plus séduisants. Elle s'en voulait de le voir sous cet angle-là, car elle en perdait ses moyens.

— Bonjour, lui dit-il en la voyant. Je ne pensais pas vous voir si tôt, ajouta-t-il en se levant et en s'inclinant galamment.

— Préférez-vous rester seul ? lui demanda-t-elle poliment en voyant le journal et la pile de courrier près de son assiette vide.

Elle avait envie qu'il réponde par l'affirmative pour pouvoir échapper à sa présence troublante et en même temps, elle souhaitait qu'il l'invite à rester. Elle n'avait pas l'habitude d'éprouver des sentiments aussi contradictoires, mais elle ne chercha pas à en analyser la raison.

— Non, non, installez-vous. Je suis ravi d'avoir de la compagnie. Tante Sophie ne descend jamais avant 10 heures.

Une idée saugrenue traversa l'esprit de Vicky. Celle-ci se demanda si Romayne, son ex-femme, avait les mêmes habitudes que sa tante, ou bien s'ils prenaient le petit déjeuner ensemble dans leur chambre. Cette pensée l'agaça sans qu'elle comprenne pourquoi.

— Daniel, pouvez-vous installer Mme Lascoe ?

Vicky se retourna et vit un valet en veste blanche derrière elle. Il s'approcha, l'aida à s'asseoir et, à la demande de James, s'enquit de ce qu'elle désirait. A vrai dire, elle avait l'estomac si noué qu'elle se sentait incapable de manger quoi que ce soit.

— Juste une tasse de café, merci.

— Cela ne constitue pas un petit déjeuner, remarqua James. Vous ne voulez pas des œufs ou des céréales ?

Elle faillit rétorquer qu'elle venait de dire ce qu'elle voulait, mais s'en abstint. Elle n'allait pas démarrer la journée en se disputant avec lui. Il serait bien assez furieux quand elle lui révélerait sa véritable identité. Mieux valait ne pas le titiller.

— Très bien, alors un œuf à la coque, je vous prie.

— Tout de suite, madame, dit le domestique. En attendant, je vais vous servir une tasse de café bien chaud.

Ce qu'il fit avec la jolie cafetière en argent posée sur la table avant de quitter la pièce.

Pendant que Vicky se servait de sucre et de crème, James l'observa, notant son joli teint clair et les cernes qui lui donnaient une mine fatiguée.

— Quand êtes-vous arrivée en Angleterre ?

— Hier matin.

— Et vous avez aussitôt loué une voiture pour venir jusqu'ici ?

— Evidemment. Si j'ai fait ce voyage, c'est uniquement pour voir les jumeaux.

— Vous auriez dû rester un ou deux jours à Londres pour vous adapter au décalage horaire. Je vous conseille de faire une bonne sieste cet après-midi.

— Je réfléchirai à votre suggestion.

Cette dernière remarque illustrait une autre des techniques que Vicky avait apprise au cours du séminaire : face aux ordres arbitraires, réclamer un temps de réflexion.

— Mais ne vous croyez pas obligé de me faire la conversation. Ne vous gênez pas pour lire votre journal.

— J'ai fini.

— Eh bien, ouvrez votre courrier, suggéra-t-elle, trouvant son regard posé sur elle gênant. Vous en avez une pile impressionnante.

— Ce ne sont que des courriers d'affaires.

Le mot « affaires » la surprit. D'après ce que lui avait dit son avocate, il avait hérité d'une immense fortune en plus de ce manoir, d'une propriété encore plus grande dans les Highlands et d'une maison à Londres dans le quartier de Mayfair. Elle en avait conclu qu'il vivait de ses rentes et menait une vie désœuvrée.

Le retour du domestique avec son œuf et une assiette de toasts l'interrompit dans ses pensées. Pour son plus grand soulagement, pendant qu'il la servait, James se mit à ouvrir son courrier.

— Quels imbéciles ! s'exclama-t-il brusquement.

Prenant un stylo à plume en or posé sur la table, il gribouilla quelque chose dans la marge d'une lettre et mit celle-ci de côté avec un geste de dégoût.

— Que faites-vous exactement dans la vie ? lui demanda-t-elle.

La réponse ne l'intéressait pas personnellement, mais il valait mieux qu'elle sache ce qui pouvait exaspérer James Thayer avant de tenter de le convaincre d'accepter une garde alternée des jumeaux.

— Je suis un spécialiste du capital risque.

— C'est-à-dire ?

— Je mets en rapport des gens qui ont des idées et d'autres qui ont de l'argent à investir. Mais c'est un peu complexe à expliquer et je ne veux pas vous ennuyer avec des détails.

— Qu'est-ce qui vous permet de penser que cela m'ennuierait ? Est-ce là ce que vous répondez à toutes les femmes qui s'intéressent à ce que vous faites ?

— Ne le prenez pas mal, se défendit-il. Le fait est qu'aucune de celles que j'ai connues ne s'y est intéressée.

Vicky se demandait combien il en avait connu. Avec sa fortune, son physique et son rang, il n'avait dû avoir que l'embarras du choix. Cette pensée la troubla, sans doute parce qu'elle estimait qu'un défilé de femmes dans sa vie ne serait pas une bonne chose pour l'équilibre des jumeaux.

A présent qu'il était père, il devait faire face à ses responsabilités. Et s'il ne voulait pas renoncer à avoir une vie sociale pendant que les enfants étaient encore petits, il n'avait qu'à les lui confier entièrement, car elle-même était toute prête à renoncer à la sienne. Pour tout dire, elle ne voulait plus jamais s'engager affectivement vis-à-vis d'un homme.

Un échec sentimental lui avait suffi.

— Le monde des affaires vous intéresse ? lui demanda James, la tirant de ses réflexions.

— Non, il m'ennuie, répondit-elle avec un grand sourire.

Il en fut troublé. Son regard se posa longuement sur ses lèvres. Elles paraissaient douces et chaudes.

« Tiens-toi tranquille, se dit-il. Vicky Lascoe est une intouchable. »

Elle était là pour représenter les intérêts de sa cliente, Mme Sutton. Alors, s'il se laissait aller à ressentir une quelconque attirance physique pour elle, cela ne pouvait que compliquer la situation, déjà bien assez difficile à gérer.

— Et puis-je savoir comment vous vous êtes fait une opinion aussi tranchée à ce sujet ? demanda-t-il en faisant un grand effort pour détacher son regard de ses lèvres.

— J'ai eu à gérer pendant deux ans la quincaillerie familiale...

Vicky retint brusquement sa respiration. La vérité lui avait échappé avant qu'elle ne se souvienne qui elle était censée être.

Me Lascoe et non Mme Sutton.

Dans le cas où James Thayer avait fait procéder à une enquête sur sa famille, alors il devait avoir tout compris de son imposture. Elle fut soulagée de constater que l'expression de son visage n'avait pas changé.

James Thayer était à mille lieues de penser à une supercherie. En regardant les traits fins de la jeune femme, il essayait de l'imaginer dans le décor d'une quincaillerie et il avait beaucoup de mal à l'y voir.

— Qu'est-ce qui vous a fait choisir le droit ? s'enquit-il comme s'il essayait de comprendre le cheminement intellectuel de la jeune femme.

— Le droit ? répéta Vicky, incapable de trouver une réponse tant cette matière était hermétique pour elle.

Elle se demandait si le moment était venu d'avouer à James son identité, bien qu'elle craignît de se retrouver dehors avant d'avoir pu revoir les jumeaux. Quel plaisir elle avait éprouvé en tenant Marie-Rose contre elle ! Elle voulait la prendre de nouveau dans ses bras. Et le petit Edmond aussi. Les serrer tous les deux, en savourant le bonheur de se dire que c'étaient *ses* enfants.

Elle leva les yeux vers James et la vision de son menton volontaire lui glaça le sang. Non, elle ferait mieux d'attendre d'avoir bien préparé sa confession pour qu'il la comprenne. Elle lui dirait tout ce soir ; au moins, elle aurait eu toute la journée pour profiter de ses deux chérubins.

Il lui fallait donc trouver au plus vite un moyen de l'emmener sur un autre terrain que celui du droit.

— Mon père et mon grand-père étaient tous deux avocats, c'est ce qui m'a fait choisir cette profession ; mais si c'était à refaire, je crois que je serais professeur de latin.

— De latin ?

— Oui. C'est tellement dommage que l'usage de cette langue classique se soit perdu ! Et qu'elle se soit tant dégradée au Moyen Age. Et dire que c'est l'Eglise qui est responsable d'une telle situation !

Elle s'était exprimée avec une telle véhémence que James la considérait avec étonnement. Il n'avait jamais vu une femme se passionner pour ce genre de sujet. Ni même un homme, d'ailleurs.

— Rares sont les personnes capables d'en parler. Vous me surprenez. Pour moi, la vente d'articles de quincaillerie et la lecture du latin classique sont tellement incompatibles.

— L'un n'empêche pas l'autre ! rétorqua Vicky. Et la quincaillerie ne m'a jamais intéressée.

Elle se tut brusquement.

Sans comprendre la raison de sa pâleur soudaine, James lui trouva un air si fragile qu'il l'aurait volontiers prise dans ses bras pour la réconforter. Quoiqu'elle n'eût sans doute besoin de personne pour la protéger. En fait, toutes les femmes qu'il avait connues étaient parfaitement aptes à défendre toutes seules leurs intérêts. Sauf sa pauvre tante Sophie.

Lady Sophronia était l'exception qui confirme la règle.

— Comment vous est venue cette passion pour le latin ?

— Mon grand-père jouait souvent au bridge avec un Jésuite.

James fronça les sourcils.

— Quel rapport entre les deux ?

— Le père Auggie enseignait le latin à l'université et j'étais fascinée par les livres qu'il apportait quand il venait. Alors, il s'est proposé de me donner des cours.

— Quel âge aviez-vous ?

— J'étais en cinquième quand j'ai commencé. Et l'année d'après, il a ajouté le grec ; pour parfaire ma culture classique, comme il disait.

Elle eut un sourire attendri au souvenir de cette époque heureuse et insouciante où la vie était encore pleine de promesses. Puis son sourire disparut. Elle avait connu de telles déceptions par la suite. Et regrettait encore ses mauvais choix.

Comme celui d'épouser Zane.

James vit son changement subit d'expression et ressentit sa tristesse comme si c'était la sienne. Pour la distraire de ses sombres pensées, il lui proposa de l'emmener dans la bibliothèque admirer quelques spécimens intéressants d'ouvrages en latin.

— ... Quand vous aurez fini votre petit déjeuner, bien sûr, ajouta-t-il en jetant un coup d'œil à son assiette à laquelle elle avait à peine touché.

— Je suis prête.

Elle ne se sentait pas obligée de justifier son manque d'appétit, et il n'insista pas. Vicky était déjà debout. Elle ne savait pas si la proposition de son hôte était une marque d'amitié à son égard ou un simple souci de lui trouver une occupation pour meubler son temps.

Quoi qu'il en soit, elle était curieuse de voir les fameux spécimens. S'ils étaient à la mesure des meubles et objets magnifiques qu'elle avait déjà remarqués dans le reste de la maison, ils promettaient d'être des pièces de collection extrêmement rares, telles qu'elle n'en reverrait sans doute plus de toute sa vie.

James lui fit traverser la vaste entrée et la conduisit à travers de longs couloirs.

— Combien de temps vous a-t-il fallu pour ne plus vous perdre dans ce labyrinthe ? lui demanda-t-elle en le suivant.

— Me perdre ? Le manoir n'est pas si grand.

— Oh si ! Et, en plus, il est conçu à la façon d'un terrier de lapins.

— C'est parce qu'il est ancien. A l'origine, c'était un monastère, que Peregrine Thayer a reçu en cadeau après la Réforme. Il l'a agrandi puis, au fil des siècles, certains descendants ont ajouté des ailes, bien souvent sans se soucier du résultat architectural final.

Vicky resta silencieuse un moment. Elle se demandait quel effet cela lui ferait de posséder un manoir féodal, elle qui était fille d'agriculteurs italiens venus s'installer en Amérique après la Première Guerre mondiale pour échapper à la misère.

La disparité entre les antécédents familiaux de James et les siens l'inquiétait. Que penseraient les jumeaux quand ils seraient en âge de comparer les illustres ancêtres de leur père et la famille d'ouvriers de leur mère ?

Il était d'autant plus nécessaire qu'elle s'occupe de leur éducation, pour qu'ils ne deviennent pas des snobs prétentieux. Elle leur ferait comprendre très tôt que l'important n'est pas ce que vos ancêtres ont réalisé, mais ce que vous-même faites de votre vie.

James s'arrêta bientôt devant une porte à deux battants joliment sculptée et l'ouvrit. Vicky ne put retenir une exclamation en pénétrant dans l'immense pièce aux murs tapissés jusqu'au plafond de rayonnages couverts de livres. Trois hautes fenêtres dominant les jardins laissaient entrer le soleil matinal.

— C'est fantastique ! s'exclama-t-elle.

James était ravi de sa réaction.

— J'aime beaucoup cette pièce. Venez, les ouvrages que je veux vous montrer sont par là.

Elle le suivit tout en essayant de déchiffrer quelques titres au passage, jusqu'à ce que trois petites images accrochées entre deux fenêtres attirent son attention. C'étaient des cartes géographiques de taille réduite très anciennes ou alors d'excellents fac-similés.

— James, que représentent ces cartes et de quand datent-elles ?

Il se retourna, surpris. C'était lui-même qui les avait accrochées là vingt-cinq ans plus tôt et elle était bien la première femme à s'y intéresser.

— Ce sont des reproductions des cartes de Péri Reese qui datent du Moyen-Age, cette période dont vous pensez si peu de bien.

— Où les avez-vous trouvées ?

— Je les ai dénichées à quinze ans dans un tiroir de la salle d'armes et, comme mes parents n'étaient pas là pour s'y opposer, j'ai décidé de les encadrer et de les accrocher ici.

— Je vois.

Elle ne voyait rien du tout, et surtout pas comment James, qui avait manifestement passé son enfance dans ce manoir, avait pu y vivre sans ses parents. Elle-même avait puisé dans la présence constante des siens tant de tendresse et de force ! Si, adolescente, elle avait trouvé des cartes anciennes et voulu les encadrer, ils l'auraient conseillée, aidée à les accrocher, puis photographiée debout devant ses œuvres.

Mais James, lui, se souvenait seulement que ses parents n'étaient pas là ! Comptait-il élever ses enfants de la même manière ? Cette pensée lui donna froid dans le dos.

Elle lui jeta un coup d'œil de côté et surprit sur son visage une expression de tristesse. Etait-elle due à l'évocation de sa jeunesse solitaire ?

— Les ouvrages que je veux vous montrer se trouvent tout là-haut, dit-il en se ressaisissant.

Il alla chercher l'escabeau et en monta quelques marches pour attraper un des volumes rangés sur une étagère au-dessus de sa tête.

Vicky, qui suivait ses mouvements des yeux, ne put s'empêcher d'admirer ses longues jambes et les muscles saillants de ses cuisses. Elle se passa nerveusement la langue sur la lèvre inférieure. Elle n'avait jamais vu un corps d'homme aussi viril.

Instinctivement, elle se rapprocha. Elle sentit alors les notes boisées de son eau de toilette et les respira avec délice. Elle aurait aimé être plus près de lui encore, enfouir son visage dans son cou, déboutonner sa chemise blanche et glisser ses doigts dans l'échancrure de son col...

Un coup sec frappé à la porte interrompit le cours dangereux de ses rêveries érotiques éveillées. Elle recula d'un bond en souhaitant que son visage ne laissât rien paraître de son attirance pour James Thayer. Elle serait mortifiée si quelqu'un le remarquait.

— Entrez, s'écria James.

— Monsieur, M. Murchin au téléphone. Il vous fait savoir qu'il a obtenu les chiffres que vous lui avez demandés hier.

— Merci, Beech. Je vais prendre l'appel dans mon bureau. Vous pouvez rester ici, ajouta-t-il à l'attention de Vicky. Prenez votre temps et faites le tour de la bibliothèque.

Vicky le remercia malgré sa déception de le voir partir.

Une fois seule, elle ne se réjouit même pas à la perspective d'y découvrir des trésors. Plus que tout, elle avait hâte de voir ses enfants.

« Patience, se dit-elle. Ce n'est qu'un léger contretemps. » Dès que James serait de retour, elle lui demanderait de l'emmener à la nursery. Sur-le-champ. Pas à 4 heures de l'après-midi.

Et il était hors de question qu'il lui dise non.

4.

C'était la quatrième fois qu'elle relisait la même ligne en latin sans parvenir à en saisir le sens. Avec un soupir, elle posa délicatement l'ouvrage sur la table à côté d'elle.

Non, décidément, elle n'arrivait pas à fixer son attention. Tout ce qu'elle voulait, c'était voir ses enfants, et au plus vite.

Il lui semblait de plus en plus évident que James n'allait pas revenir. Si elle devait lui demander la permission d'aller à la nursery, elle ferait mieux de partir à sa recherche.

Petit à petit, le sentiment d'impuissance de Vicky se mua en colère. Au fond, pourquoi aurait-elle besoin de sa permission ? Même s'il pensait qu'elle n'était que l'avocate de la mère des jumeaux, elle avait parfaitement le droit de les voir, puisqu'il avait accepté qu'elle vienne constater leurs conditions de vie et le bon déroulement de leur croissance. Comment pourrait-elle le faire autrement qu'en passant du temps avec eux ?

Pourquoi cette réticence manifeste de la part de James ? Qu'espérait-il y gagner ?

Elle se mit à arpenter la pièce et s'approcha d'une des hautes fenêtres pour regarder à l'extérieur. C'est alors qu'elle aperçut une femme en uniforme bleu marine qui poussait un énorme landau. Les jumeaux et Attila, la nurse !

Un coup d'œil circulaire lui apprit qu'il n'y avait personne d'autre dans les parages. Son cœur battait la chamade. Elle n'allait pas perdre de temps à chercher une sortie ; elle ouvrit la fenêtre, en enjamba le rebord, se retrouva sur la terrasse et courut en direction de la pelouse.

Quand Nanny leva les yeux et l'aperçut, elle se renfrogna aussitôt. Elle fit faire demi-tour au landau de façon à pouvoir s'interposer entre les enfants et elle.

— Je voudrais jouer avec Edmond et Marie-Rose, dit Vicky du ton le plus calme possible.

Cela ne ferait que ralentir les choses si elle se mettait la maudite femme à dos. Il valait mieux essayer de s'en faire une amie.

— Jouer ? répéta la nurse avec une expression incrédule. Mais ce n'est pas l'heure de jouer ; c'est l'heure de prendre l'air.

— Très bien, alors je vais les promener.

Vicky n'était pas prête à renoncer si près du but.

— C'est moi qui les promène, répliqua la nurse, inflexible. Laissez-nous. Vous les perturbez.

Vicky jeta un coup d'œil aux enfants par-dessus l'épaule du redoutable cerbère. Edmond mâchonnait son poing avec allégresse et Marie-Rose la fixait du regard comme si elle savait qui elle était.

— Ils ont l'air parfaitement calmes.

— Et j'entends bien qu'ils le restent.

Aussitôt dit, la nurse donna au landau une vigoureuse poussée en avant et prit la direction de la maison, laissant Vicky sur place, impuissante et furieuse. Elle voulait lui courir après et lui arracher des mains la poignée du landau. Il lui fallut faire un effort immense pour se contenir, car en luttant avec elle, elle risquait d'effrayer les enfants.

Et même si ce n'était pas le cas, Nanny n'était pas du genre à accepter une défaite sans réagir. Elle irait aussitôt raconter à James qu'elle avait été carrément agressée, ce qui donnerait à ce dernier un bon prétexte pour la mettre dehors.

En outre, le vrai problème ne venait pas de la nurse, mais de James. C'était lui qui rechignait à lui donner l'ordre de la laisser approcher les jumeaux aussi souvent qu'elle le souhaiterait. C'était donc avec lui qu'elle devait se battre.

Vicky eut un frisson en imaginant sa réaction quand au lieu de demander le droit de voir ses enfants, elle l'exigerait. Puis elle se ressaisit. Elle n'aurait qu'à appliquer les techniques apprises lors de son séminaire de motivation.

Il lui fallut bien dix minutes pour trouver Beech et apprendre de sa bouche que James était encore dans son bureau. Il lui proposa de l'y conduire et de l'annoncer, mais elle refusa fermement. Une attaque par surprise s'imposait.

Elle se contenta de frapper un léger coup à la porte, puis entra d'un pas décidé sans attendre la réponse.

James était assis derrière un bureau de ministre en acajou et écrivait sur un bloc-notes. Il leva les yeux et son regard se fit plus dur lorsqu'il la vit. Vicky se demanda aussitôt si cette contrariété était due au fait qu'elle venait le troubler dans son sanctuaire.

— Que puis-je pour vous ? lui demanda-t-il poliment.

— Jusqu'à présent, vous ne m'avez pas facilité les choses. Je dirais même que vous pratiquez une certaine forme d'obstruction. Vous me prenez vraiment pour une idiote ?

L'offensive était lancée. James leva les sourcils comme s'il était surpris.

— Non, oubliez cette dernière question, reprit-elle aussitôt. Ce que vous pensez de moi ne m'intéresse pas.

« Dommage ! » pensa James. Car, malgré la situation tendue, il était totalement fasciné par Vicky Lascoe.

— Votre tactique ne marchera pas.

James étudia son visage à l'expression déterminée un long moment avant de demander.

— Quelle tactique ?

— L'ordre que vous avez donné à Nanny de m'empêcher de voir les jumeaux, voyons ! Je suis ici pour déterminer si les enfants vont bien, ce que je ne pourrais pas faire si je ne peux jamais les approcher.

— Je n'ai donné aucun ordre dans ce sens.

— Je ne vous crois pas ! C'est votre employée, elle fait ce que vous lui demandez.

— Faux. Je me contente de la payer. Je n'y entends rien en matière de bébés.

— Et si cela continue, les jumeaux seront adultes que vous n'y entendrez toujours rien. Si vous ne vous intéressez pas assez à eux pour chercher à comprendre leurs besoins, alors laissez-les à la garde de leur mère biologique. Elle est prête à s'en soucier, elle.

Quand James la fusilla du regard, Vicky sentit ses jambes se dérober sous elle, mais il n'était pas question qu'elle capitule. Elle l'avait fait trop souvent lorsqu'elle vivait avec son mari et l'addition finale à payer en avait été d'autant plus dure.

— Les bébés ont des besoins physiologiques très précis, énonça James. Et l'un d'eux est le respect d'horaires réguliers.

On sentait bien qu'il répétait la leçon que lui avait enseignée la nurse.

— Les bébés ont besoin d'amour autant que d'une alimentation saine et d'un environnement rassurant. Nanny pourvoit peut-être aux deux derniers besoins, mais n'essayez pas de me dire que cette femme a la moindre notion de ce qu'est l'amour, voire l'affection. Cette femme est un monstre de rigidité et de froideur.

James en resta un instant interdit.

— Ce n'est pas parce qu'elle n'est pas béate devant eux... qu'elle... n'éprouve pas d'affection pour eux, répondit-il enfin.

— De l'affection ! s'écria Vicky, hors d'elle. Mes... Les enfants de ma cliente devraient donc se contenter d'affection alors qu'ils ont une mère toute prête à leur donner de l'amour ?

— Mes enfants n'en manquent pas ! rétorqua James sur le ton de la colère que Vicky ne remarqua même pas tant elle était outrée. Moi, leur père, je les aime, figurez-vous.

— Oui, entre 4 heures et 5 heures de l'après-midi !

— Nanny dit que...

— Au diable Nanny !

James contempla un instant la peau diaphane de son visage que la colère rosissait. La jeune femme paraissait vraiment déterminée... et, à la fois, mal à l'aise. Comme si cette confrontation lui déplaisait autant qu'à lui. Non, il se trompait sans doute. C'était elle qui avait attaqué la première. Et puis elle était avocate ; c'était son métier. On ne le choisit pas si on n'aime pas les confrontations.

Il fronça les sourcils. Quelque chose lui échappait dans toute cette histoire, sans qu'il puisse déterminer quoi.

Et cela l'agaçait.

— Nanny s'occupe très bien des enfants. Cependant, se hâta-t-il d'ajouter en voyant Vicky ouvrir la bouche, il est vrai que j'ai accepté que vous veniez les voir, afin que vous puissiez rendre compte de leur excellente santé à votre cliente.

— A leur mère biologique, maugréa Vicky.

James fit comme s'il n'avait pas entendu.

— Je vais donc informer Nanny que vous aurez le droit de voir les jumeaux aussi souvent que vous le souhaiterez.

« Ensuite, je prierai le ciel qu'elle ne s'emporte pas et ne me donne pas sa démission », ajouta-t-il intérieurement.

Vicky ressentit presque de l'euphorie devant sa capitulation. Elle n'en revenait pas : il avait cédé. La technique enseignée lors du séminaire avait marché.

James observa le changement d'expression sur le visage de son interlocutrice ; en le voyant illuminé de plaisir, il s'étonna de l'intensité de sa réaction. Elle prenait vraiment à cœur les intérêts de sa cliente. Quel poids aurait sa sympathie pour elle sur son évaluation des conditions de vie des enfants ? Serait-elle assez objective pour admettre qu'ils semblaient parfaitement bien se porter et devaient être laissés à sa seule garde ? Ou ferait-elle passer les souhaits de Mme Sutton avant l'intérêt des enfants ?

Franchement, il l'ignorait.

— Eh bien, j'aimerais les voir tout de suite, déclara Vicky d'un ton ferme en espérant qu'il n'allait pas changer d'avis.

— Très bien, je vous accompagne pour donner des instructions à Nanny.

Il se leva, en proie à la crainte de la réaction de la nurse et à la joie de voir les jumeaux le matin. Quant à l'excitation qui animait le visage de Vicky, il devait avouer qu'elle lui faisait plaisir.

Celle-ci le remercia. Elle aurait préféré avoir Edmond et Marie-Rose pour elle toute seule, mais sans son intervention, elle ne parviendrait sans doute même pas à passer la porte de la nursery.

Elle le suivit dans les longs couloirs en se retenant de sauter de joie.

— Quelle expérience avez-vous des enfants ?

La question de James la prit par surprise. Pendant ses années d'université, elle avait souvent gardé le petit garçon de ses voisins le samedi soir. Devenu étudiant à son tour, il était sorti major de sa promotion et si elle ne se targuait pas d'avoir joué un rôle déterminant dans sa réussite scolaire, du moins était-elle convaincue d'avoir contribué à son équilibre psychique dès son plus jeune âge.

— Qu'entendez-vous par là ?

— Je veux dire : vous arrive-t-il souvent d'avoir à évaluer le bien-être d'un enfant dans une situation semblable ?

— Au cours de toutes mes années d'exercice, je n'en ai jamais rencontré de semblable.

C'étaient les paroles mêmes de Me Lascoe.

« Toutes ses années d'exercice. » James lui trouvait l'air si jeune qu'elle ne semblait pas même en âge d'être avocate. Et encore moins de plaider depuis des années.

— Depuis quand exercez-vous ? lui demanda-t-il, curieux de connaître son parcours.

— Une éternité, me semble-t-il parfois, répondit-elle prudemment.

Elle ignorait depuis quand Me Lascoe était avocate et se doutait que cette information serait facile à obtenir pour quelqu'un comme James Thayer. Or, elle se refusait à lui révéler sa véritable identité tant qu'elle n'aurait pas pu passer un moment d'une longueur significative avec les jumeaux. L'urgence se situait à ce niveau, pour l'instant.

Dans sa hâte de les voir, elle accéléra le pas et James avait presque du mal à la suivre. Une telle excitation se lisait sur son visage qu'il en fut stupéfait. Elle prenait vraiment son travail à cœur.

Etait-elle animée de la même passion quand elle faisait l'amour ? A cette pensée incongrue, il sentit une vague de chaleur lui parcourir le corps. Il l'imaginait en dessous soyeux, lui souriant, étendue dans son lit immense...

« Non, non ! se dit-il. Ça suffit, les fantasmes ! » Vicky Lascoe était de mèche avec l'ennemie. Il devait tempérer ses ardeurs envers elle.

Pourtant, son joli visage avait une expression si innocente qu'il ne parvenait pas à se la représenter comme une dangereuse ennemie.

Quand ils arrivèrent devant la porte de la nursery, ses magnifiques yeux bleus brillaient d'un tel éclat qu'il en fut tout remué. En fait, oui, elle était dangereuse.

Il frappa et, quelques secondes plus tard, Amy, la jeune fille qui aidait Nanny dans la journée, leur ouvrit. Elle paraissait terrifiée de les voir à cette heure indue et, comme elle ne les invitait pas à entrer, Vicky lui dit :

— Bonjour. Je viens jouer avec les enfants.

— Jouer avec les enfants ?

La jeune fille ouvrait de grands yeux comme si Vicky avait parlé de se livrer à un sacrifice païen.

— Eh bien oui ! lui dit-elle en s'efforçant de contenir son exaspération. Pouvons-nous entrer ?

Elle se tourna vers James, qui ne disait rien.

— Euh... Je vais demander à Nanny, bredouilla Amy.

— Ce n'était que pure question de rhétorique, reprit Vicky, qui avait du mal à garder son calme. Je ne lui demande pas sa permission.

Elle fit un pas en avant, obligeant Amy à reculer. Il n'y avait personne dans la grande pièce. Sans hésiter, Vicky se dirigea vers la porte du fond qui était ouverte, suivie de James. La jeune fille, quant à elle, semblait traîner les pieds comme pour dégager sa responsabilité de cette histoire hautement suspecte.

— Qui était-ce, Amy ? demanda Nanny.

Vicky entra dans ce qui ressemblait à la fois à une salle à manger et à une chambre à coucher ; deux berceaux blancs occupaient le mur du fond et, près de la cheminée, se trouvaient deux chaises hautes de bois sculpté. Edmond occupait celle de droite et Marie-Rose celle de gauche. Nanny était assise face à eux, un bol à la main.

Quand elle se retourna et aperçut Vicky, son visage se crispa.

— Bonjour, Nanny, lança celle-ci d'une voix enjouée.

— C'est l'heure du repas, remarqua la nurse d'un ton acerbe.

— Eh bien..., commença James.

Vicky lui coupa aussitôt la parole, craignant qu'il ne propose de revenir plus tard.

— Je viens voir Edmond et Marie-Rose et M. Thayer m'a accompagnée pour vous dire que cela ne lui pose aucun problème. Je pourrai venir à la nursery aussi souvent que je le voudrai. N'est-ce pas, James ?

— C'est exact, Nanny. Mme Lascoe a mon accord.

— Mais il ne faut pas qu'elle bouscule leur emploi du temps ! se récria la nurse, outrée.

Au diable l'emploi du temps ! Vicky voyait bien que la femme ne l'aimait pas et qu'il ne lui en faudrait pas beaucoup pour s'en faire une véritable ennemie. Comme elle semblait par ailleurs s'occuper plutôt bien des jumeaux, elle décida de ne pas rétorquer pour ne pas la heurter davantage.

— Je suis certain que Mme Lascoe saura choisir des heures appropriées, répondit James en jetant un regard d'espoir dans sa direction.

— Evidemment. Je respecterai leurs habitudes, mentit Vicky pour qui aucun emploi du temps ne tenait devant le désir d'une mère de voir ses enfants.

— Comme vous voyez, pour l'instant ils déjeunent, reprit la nurse. Vous pourriez peut-être revenir plus tard. Disons, vers 4 heures.

« C'est ça ! Aux heures d'ouverture du zoo ! », pensa Vicky avec rage.

— Non, répondit-elle fermement. C'est moi qui vais les nourrir. Vous pouvez prendre votre pause.

— Vous ? Vous allez les nourrir ?

Nanny la regardait comme si elle venait de proférer une obscénité.

— En quoi est-ce si étonnant ?

— Nourrir des bébés requiert une certaine expérience, répliqua Nanny.

— Pas du tout ! Il faut juste un peu de bon sens et de la patience.

Quand Vicky tendit la main pour prendre le bol contenant une pâle mixture, la nurse chercha de l'aide du côté de James. Voyant que ce dernier n'intervenait pas, elle finit par le lui céder de mauvaise grâce.

— Allez donc... vous reposer un moment, profitez-en.

Vicky l'aurait bien envoyée au diable, mais elle se garda bien d'afficher le moindre triomphalisme. Nanny sortit de la pièce, l'air furieux, tandis que Vicky sentait une vague d'euphorie l'envahir. Elle y était arrivée ! Elle était venue à bout du cerbère !

Elle s'assit à sa place, remplit la cuillère de céréales et la proposa à Edmond. Il tendit sa petite main pour l'attraper et elle n'eut que le temps de reculer le bras. Edmond émit un gazouillis joyeux, comme s'il venait de découvrir un nouveau jeu très amusant.

— Il n'y a qu'un seul bol et une seule cuillère pour les deux ? demanda James, surpris.

— Apparemment. Je reconnais que cela ne paraît pas très hygiénique, mais ils ont tous deux l'air de bien se porter.

— En effet. Lors de la visite médicale obligatoire des six mois il y a quinze jours, le médecin les a trouvés en parfaite santé.

— Eh bien, gardons la méthode de Nanny pour l'instant.

Vicky tendit une cuillerée à Marie-Rose et celle-ci l'avala sagement, puis fit un sourire d'ange. Voyant qu'on ne s'occupait plus de lui, Edmond poussa un cri de mécontentement. Profitant de ce qu'il avait la bouche ouverte, Vicky se hâta d'y enfourner la cuillère. Il fit une grimace et laissa couler un peu de bouillie sur son menton.

— C'est quoi cette mixture infâme ? demanda James en la regardant nourrir alternativement les deux jumeaux.

— Franchement, je ne sais pas, répondit Vicky. J'espère seulement que ça part à l'eau, ajouta-t-elle en voyant Edmond essuyer son menton puis passer sa petite main dans ses boucles blondes.

— Mais c'est infect ! s'exclama James après avoir trempé délicatement un doigt dans le mélange pour le goûter.

— Ça en a l'air, mais ça doit être bon pour leur croissance. Ils resplendissent de santé.

Edmond choisit cet instant pour recracher la dernière cuillerée, ce qui amusa beaucoup James.

— En tout cas, ils n'ont pas encore appris les bonnes manières !

— Tenez, lui dit Vicky en souriant et lui tendant une lingette mouillée. Nettoyez-lui le menton pendant que je finis de nourrir Marie-Rose.

James s'y employa gauchement tandis qu'Edmond se tortillait en tous sens pour échapper à la toilette. Soudain, la voix de la nurse s'éleva dans leur dos.

— Si vous permettez, Monsieur.

Vicky sursauta. Elle ne l'avait pas entendue revenir. Nanny donna aussitôt la preuve de son efficacité en réussissant à débarbouiller Edmond malgré lui en un tour de main.

Vicky l'aurait volontiers frappée sur la tête à coups de lingette. Quelle importance cela avait-il que James se montrât maladroit et moins efficace qu'elle ? L'important, c'était qu'il s'occupe de son fils. Cela contribuerait plus sûrement à l'épanouissement affectif d'Edmond qu'une toilette parfaite accomplie d'un geste professionnel qui manquait totalement de chaleur !

Elle se contint tant bien que mal, consciente qu'il lui faudrait du temps pour circonvenir la nurse et surtout convaincre James qu'il était tout à fait capable de s'occuper de ses enfants.

— Voilà, ils n'en veulent plus, annonça-t-elle en reposant la cuillère.

— Ils doivent manger leurs cent quatre-vingt grammes de bouillie d'avoine chacun, énonça la nurse. C'est plein de vitamines et de minéraux.

— Mais absolument infect, remarqua James. On dirait de la colle à papier !

— Nous essayons d'en faire des enfants robustes, répliqua la nurse.

Elle était visiblement agacée de recevoir des commentaires sur ses principes d'éducation. James n'avait pas dû souvent oser de telles remarques, songea Vicky amusée.

— A cet âge-là, ils n'ont pas les papilles gustatives très développées, hasarda-t-elle pour s'attirer les bonnes grâces de Nanny.

— Et ils ne les auront jamais en mangeant d'aussi infâmes mixtures, marmonna James.

— Je vais devoir leur redonner un bain, annonça Nanny en regardant d'un air désapprobateur les cheveux englués d'Edmond.

Dressés sur sa petite tête, ils lui donnaient un air si comique que Vicky eut du mal à réprimer un fou rire, mais en voyant la nurse pincer les lèvres, elle s'abstint d'expliquer la cause de son hilarité, car celle-ci ne paraissait pas en état d'apprécier son humour.

— Et c'est bientôt l'heure pour nous d'aller déjeuner, remarqua James en se tournant vers Vicky.

— D'accord, s'entendit-elle répondre alors que tout ce qu'elle souhaitait, c'était rester s'occuper de ses enfants, les baigner, les câliner et leur chanter une berceuse pour les endormir.

Cependant, elle avait déjà réussi à les voir un long moment. Elle reviendrait plus tard. Et, cette fois, Nanny ne pourrait pas lui fermer la porte au nez.

5.

— Ah, vous voici, James ! s'écria Sophie en levant la tête du carnet posé sur la table à côté de son assiette. J'allais commencer à manger sans vous.

— Je suis désolé, ma tante. Nous avons été retenus, répondit James en tirant galamment une chaise pour Vicky.

Quand elle voulut s'asseoir, son bras frôla le tweed rugueux de sa veste et ce contact provoqua en elle une vague de chaleur troublante. Elle comprenait soudain l'expression « être dans tous ses états » et cela ne lui plaisait pas du tout.

Elle ne pouvait pas se permettre de considérer James Thayer comme un homme ; et séduisant, de surcroît. Elle devait se souvenir qu'il était son adversaire, l'obstacle à abattre pour qu'elle puisse jouer pleinement son rôle de mère. Cependant, l'attirance sexuelle qu'il lui avait immédiatement inspirée ne semblait pas vouloir disparaître et Vicky demeurait troublée malgré elle par la proximité de sa personne.

— Avez-vous passé une agréable matinée, Vicky ? lui demanda Sophie, la tirant de ses pensées. Je vous ai cherchée partout.

— Je suis restée un bon moment dans la bibliothèque et ensuite…

Un rayon de soleil venait d'entrer par la fenêtre et faisait briller de mille feux dans une joyeuse explosion de couleurs les incroyables bijoux de la vieille dame.

« Quelle chance elle a de n'avoir rien à faire de la mode ou de l'opinion des autres ! » pensa Vicky avec envie. Sophie avait dû mener toute sa vie en charmante excentrique qu'elle était.

Devant son air subjugué, Sophie tapota sa grosse broche ovale composée d'énormes zircons entourant une pierre grenat, d'où pendaient cinq chaînettes en or terminées par de gros cabochons de verre couleur émeraude. L'ensemble était sidérant.

— Vous aimez ma broche ? lui demanda-t-elle gaiement. A l'époque où je l'ai achetée, elle était considérée comme un bijou très avant-gardiste.

— Ce qui ne lui enlève en rien son mauvais goût, marmonna James entre ses dents à l'intention de Vicky, qui faillit avaler de travers la gorgée d'eau qu'elle venait de prendre.

Il se leva aussitôt pour venir lui taper dans le dos avec un enthousiasme exagéré.

— Ça ne va pas, mon petit ? demanda Sophie avec sollicitude.

En effet, ça n'allait pas. Le simple contact de la main de James à travers le coton fin de son chemisier causait à Vicky un trouble incroyable.

— Elle a avalé de travers, répondit James à sa place.

Il se rassit, prit son verre d'eau et en but délicatement une gorgée en la fixant d'un œil amusé comme pour lui montrer comment il fallait faire. Se moquait-il gentiment d'elle ? Avec lui, elle n'était jamais sûre de rien.

— Les jeunes femmes d'aujourd'hui sont de petites natures, commenta Sophie. Ce n'est pas de leur faute, on les a trop gâtées dans leur enfance.

— ... Dit une femme qui, pour sa part, n'a jamais reçu la moindre correction de sa vie, remarqua James avec un grand sourire.

— C'est bien vrai, admit Sophie. Les gentilshommes ne levaient jamais la main sur les femmes, donc sur leurs filles ; et mon père en était un ; personne ne pourra lui enlever cela. Même s'il pouvait être accusé de bien d'autres choses... Certains impudents s'y sont d'ailleurs risqué et l'ont amèrement regretté.

— Son père était un requin de la finance qui exécutait impitoyablement tous ceux qui se mettaient en travers de son chemin, expliqua James à Vicky avec un clin d'œil.

La complicité que James s'efforçait d'établir entre eux lui faisait chaud au cœur.

— Aux Etats-Unis aussi, nous en avons eu quelques-uns de redoutables, dit-elle. Une fois arrivés à un âge avancé, nombre d'entre eux ont donné d'immenses sommes d'argent à des œuvres de charité ; sans doute pour faire amende honorable.

— Je dirais plutôt pour s'acheter le paradis, commenta Sophie d'un ton pince-sans-rire. Mon père avait, du moins, assez de bon sens pour comprendre que c'était là une cause perdue.

Vicky jeta un coup d'œil à James et vit que ce dernier se retenait de rire. Il avait donc le sens de l'humour ; et même assez pour se moquer de sa propre famille. Au fond, peut-être était-il moins rigide qu'elle ne l'avait cru au premier abord ?

Quoi qu'il en soit, il ne voulait pas qu'elle intervienne dans la vie de ses enfants. Elle devait donc continuer à le considérer comme un ennemi. Cela lui aurait été plus facile s'il avait été désagréable et repoussant. Or, non seulement il lui était de plus en plus sympathique, mais elle le trouvait, malgré elle, terriblement séduisant.

— Faites-vous, comme moi, partie d'un mouvement féminin pour le maintien des traditions ? lui demanda Sophie.

— Euh... non, mais c'est faute de temps, mentit-elle pour être agréable à la vieille dame.

— Eh bien, si vous voulez, vous viendrez avec moi à la réunion de cet après-midi. Nous discutons en ce moment du moyen de rassembler des fonds pour refaire la toiture de la sacristie.

— C'est très gentil, merci, mais ce ne sera pas possible, se hâta-t-elle de répondre.

Elle détestait ce genre de réunions. Et, par ailleurs, maintenant que James avait dit à Nanny qu'elle pouvait voir les enfants aussi souvent qu'elle le désirait, elle comptait bien passer l'essentiel de son temps avec eux.

— Ma tante, avant d'y aller, vous n'oublierez pas d'enlever toute votre... panoplie, conseilla James.

— Mais j'aime porter mes bijoux ! se récria Sophie. C'est un de mes rares plaisirs. A mon âge, il m'en reste si peu.

— Non ! Ce n'est pas raisonnable ! insista James d'un ton qui n'admettait pas de réplique.

Vicky baissa le nez sur son assiette. La façon dont James parlait à sa tante lui faisait penser à son ex-mari.

Lui aussi avait eu pour habitude de lui dire ce qu'elle devait mettre ou ne pas mettre comme tenue. Toute sa vie de femme mariée, elle avait obéi en silence à ses diktats et elle s'en voulait de cette lâcheté passée.

Mais grâce à son séminaire de maîtrise de soi, elle avait acquis de l'assurance. La technique enseignée marchait ; elle l'avait testée le matin même quand elle avait exigé de James qu'il la laisse voir ses enfants. Et, d'après son professeur, plus elle l'appliquerait, plus elle gagnerait en assurance.

L'expression attristée de Sophie lui faisait de la peine. Même si James devait affirmer son statut de châtelain et tenir son rôle dans la communauté du village, en quoi cela pouvait-il lui nuire que sa tante se promène en ville parée comme un arbre de Noël ? Tout le monde devait penser avec indulgence que ce n'était là qu'un caprice de vieille dame. Elle prit une grande inspiration et se lança.

— Moi, je trouve votre tante superbe avec tous ses bijoux. C'est gai, c'est coloré.

James en resta interdit.

— Ainsi vous l'approuvez dans son entêtement ?

Elle ignora son ton caustique, bien décidée à ne pas faire marche arrière à la moindre opposition. C'en était fini pour elle de se montrer conciliante pour préserver la paix à tout prix. Le prix à payer était bien trop élevé.

— Pourquoi pas ? Puisque cela lui fait plaisir.

— En tant qu'invitée..., commença James d'un ton sec.

— Vicky n'est pas une invitée ! lui rappela Sophie avec malice. Elle fait partie de la famille. Tu me l'as dit toi-même. Cela lui donne des droits, notamment celui de donner son avis.

— Eh oui ! renchérit Vicky d'un air réjoui.

C'était lui qui avait inventé cette histoire de parenté. Il n'avait plus qu'à assumer son mensonge.

— Toutes sortes de droits, poursuivit Sophie, ravie d'avoir une alliée. Dites-moi, mon petit, avez-vous déjà vu la cachette du prêtre ?

Vicky cligna des yeux, complètement déstabilisée par ce brusque changement de sujet.

— Je vous demande pardon ?

— Voyons, James, ne me dis pas que tu ne la lui as pas encore montrée ? Aussi bien, un de ses ancêtres la hante encore.

— Tante Sophie, vous savez très bien qu'il n'y a pas de fantôme ici. Ce qu'on y a trouvé, c'est du vin de messe séché ; pas du sang.

— Allons, allons, vous, les jeunes, vous n'avez aucune imagination.

— Avec vous, c'est inutile. Vous en avez pour deux !

— De quelle cachette parlez-vous ? demanda Vicky.

— Après qu'Henry VIII eut aboli le catholicisme, certaines grandes familles ont construit des pièces secrètes dans leur maison pour que des prêtres puissent continuer à y célébrer la messe, lui expliqua James. Et il y en a une dans ce manoir.

— James vous la montrera après le déjeuner, décréta Sophie. Cela vous tente ?

— Oui, bien sûr. Mais je ne voudrais pas...

Vicky ne voulait pas que James s'imagine qu'elle se réjouissait à l'idée de se retrouver seule avec lui. Ce serait trop humiliant.

— Inutile de protester, lui dit-il. Quand tante Sophie a décidé quelque chose, il vaut mieux s'incliner.

Dans ce cas, pensa-t-elle, pourquoi ne la laissait-il pas afficher ses goûts extravagants ? L'opinion publique lui importait-elle plus que les sentiments de sa tante ?

Elle observa entre ses cils son menton volontaire, sa mâchoire carrée. Non, il n'était certainement pas homme à se soucier du qu'en dira-t-on.

Toutefois, il ne fallait jamais se fier aux apparences. Zane, son ex-mari, lui avait paru si gentil, si attentionné quand elle avait fait sa connaissance ! Elle avait vu en lui la solution à tous ses problèmes ; en fait, il n'en avait été qu'un de plus à régler. Elle avait même failli y perdre son identité.

— Vous avez l'air bien triste, mon enfant.

La voix de Sophie la tira de ses pensées.

— James vous emmènera la voir, cette cachette.

De fait, James aurait bien montré tout le manoir à la jeune femme. Il la regardait discrètement, admirant son ravissant profil. Il aurait voulu glisser ses doigts dans ses magnifiques cheveux dorés, enfouir sa tête dans leur masse soyeuse pour respirer son parfum léger et fleuri, s'en imprégner à jamais...

— Tu n'oublieras pas, n'est-ce pas, mon chéri ?

A son tour, il dut interrompre le fil de sa rêverie et chassa le désir qu'il sentait monter en lui. Son rêve était impossible, de toute façon.

— Non, non, tante Sophie.

— Eh bien, pendant ce temps, j'irai faire une petite sieste. Il faut que je sois en forme pour la réunion, comme tu sais.

— Oh oui ! je sais, dit James en riant.

Son affection évidente pour la vieille dame émut Vicky, qui s'étonna de réagir ainsi. En quoi cela la concernait-il ?

Tout ce qui aurait dû lui importer, c'était ses sentiments pour ses deux enfants.

A l'invitation de Sophie, James se leva sitôt le dessert terminé, puis se rappela qu'il ne devait pas trahir son empressement. La jeune et jolie avocate ne manquerait pas d'exploiter la moindre faiblesse de sa part à l'avantage de sa cliente. Donc au détriment des jumeaux.

A cette pensée, son visage se durcit.

Vicky nota son changement d'expression et se demanda ce qui le contrariait. Etait-ce l'idée de perdre du temps à cette visite guidée ? Elle ne voulait surtout pas qu'il s'en fasse une corvée. Par contre, s'il le lui proposait, elle serait ravie de découvrir sa collection d'objets d'art. « Tu veux parler de ses estampes ? », se taquina-t-elle intérieurement.

Pendant le long parcours à travers les couloirs, James demeura silencieux. Elle le suivait en admirant sa démarche assurée, sa large carrure, ses hanches étroites. Elle rêvait de l'attraper par la taille et de se blottir dans ses bras. De poser sa tête contre sa poitrine et d'y respirer son parfum masculin aux senteurs boisées.

— C'est là, dit-il enfin.

Elle avait du mal à associer le James sensuel et souriant de ses fantasmes et l'homme impassible qui la dévisageait à présent, les sourcils froncés.

— Quelque chose ne va pas ?

— Si, si. Excusez-moi, j'étais perdue dans mes pensées.

— Elles devaient être passionnantes !

Il regretta aussitôt son ton cassant. Certes, il ne devait pas oublier que Vicky Lascoe était une adversaire. Mais ce n'était pas facile, car elle provoquait en lui des émotions troubles qu'il ne contrôlait pas.

— Je pensais à des… eaux-fortes…

— Des eaux-fortes ? Si vous aimez cela, je peux vous en montrer quelques-unes que vous devriez trouver intéressantes. L'un de mes ancêtres était un fervent admirateur de Michel-Ange et il en a rapporté de son voyage à travers l'Europe un grand nombre signées de sa main. Il paraît que ce sont de très bons exemples de son style.

Vicky était surprise de son ton indifférent. Il possédait plusieurs gravures originales de Michel-Ange et il n'en faisait pas plus grand cas ?

— Vous ne l'aimez pas ? hasarda-t-elle.

— Si, si. Mais pas ses eaux-fortes que je trouve lugubres. Personnellement, je préfère les œuvres un peu plus vivantes. Comme celle-ci.

Il montra un grand tableau accroché sur un mur, qui représentait une ravissante jeune femme, vêtue d'une robe de bal dont le décolleté pigeonnant agaça fortement Vicky.

Les hommes pensaient-ils tous que l'essentiel, chez une femme, c'est son tour de poitrine ?

— Dommage qu'elle ait utilisé autant de tissu pour son ample jupe ; autrement, il lui en serait resté assez pour le haut, commenta-t-elle sèchement.

— La nudité vous choque ? demanda James, surpris par son ton.

Vicky se radoucit en le regardant. La sienne ne l'aurait pas dérangée. Elle en aurait même plutôt été excitée. Dommage qu'elle n'ait aucune chance de le voir dévêtu…

Allons ! Mais que lui arrivait-il ? Depuis sa rencontre avec cet homme, quelque chose ne tournait vraiment pas rond dans sa tête !

Sans doute parce qu'elle coïncidait avec la rencontre tant attendue avec ses enfants.

Et qu'elle ne savait toujours pas quel rôle elle allait réussir à jouer dans leur vie.

— Non, la nudité en soi ne me dérange pas. Mais c'est que...

Elle se tut, incapable d'exprimer sa frustration de ne faire qu'un 85 de tour de poitrine alors que la mode encensait les 95. Elle aurait eu l'air pathétique. Ou James aurait pu prendre cela pour une invitation à regarder ses seins. Quelle horreur !

— C'est que quoi ?

— C'est que... c'est que... Alors, où est-elle, cette fameuse cachette ? Nous y arrivons bientôt ?

A son grand soulagement, le brusque changement de sujet ne sembla pas le troubler.

— Oui, c'est là-bas, au bout du couloir.

— Les portes ont l'air plus basses dans cette partie de la maison. Ou est-ce un effet de mon imagination ?

— Non, elles le sont effectivement. Nous nous trouvons ici dans le bâtiment d'origine ; non seulement les portes sont plus basses, mais le sol est irrégulier.

James la fit entrer dans une vaste pièce aménagée en salon et se dirigea vers l'imposante cheminée.

— La cachette du prêtre est là, derrière ce mur.

— Votre famille était donc catholique ?

— Toutes les familles du pays l'étaient jusqu'à ce que Henri VIII crée l'Eglise anglicane.

James s'arrêta devant la cheminée au manteau couvert d'une profusion d'ornements et en étudia le côté gauche avec attention.

— Si je me souviens bien...

Il saisit un des ornements en forme de gland et le tourna vers la gauche. Un des panneaux du mur sur lequel se trouvait la cheminée s'entrouvrit avec un grincement sinistre et une bouffée d'air froid entra dans la pièce.

Vicky frissonna.

— Qu'y a-t-il ? lui demanda James, qui avait perçu son mouvement de recul involontaire.

— Rien. Cela me rappelle seulement ce qu'a dit votre tante à propos du fantôme d'un de vos ancêtres. S'il existe, il hante sûrement cette cachette.

— Pas lui ! répondit James en riant. Lui, ce serait plutôt la cave à vins ; de son vivant, c'était son lieu de prédilection.

Vicky s'amusa de son humour irrévérencieux.

« Elle devrait rire plus souvent », pensa-t-il en regardant son visage illuminé. Quand elle riait, elle paraissait plus jeune, plus insouciante. Plus accessible.

Plus dangereuse, par conséquent, et il s'obligea donc à tempérer son enthousiasme.

James se faufila dans l'ouverture et disparut dans le noir. Vicky inspira profondément avant de le suivre. La pièce secrète ne devait pas mesurer plus de deux mètres carrés.

— Ils n'étaient pas bien gras, les prêtres de l'époque, remarqua-t-elle.

Elle poussa un cri d'effroi en entendant le panneau se refermer, les plongeant dans une obscurité totale.

— N'ayez pas peur, lui dit James. C'était seulement pour que vous puissiez imaginer quel effet cela pouvait faire à être enfermé là-dedans. Vous n'êtes pas claustrophobe ?

— Il est bien temps de me le demander ! Non, je ne crois pas. Mais si j'avais dû y rester de longues heures, je le serais peut-être devenue. On n'y voit rien.

— C'est bien l'intention.

La voix de James lui parvenait de la gauche. Instinctivement, elle s'en rapprocha, cherchant quelqu'un de vivant dans ce sinistre réduit.

— Le prêtre se cachait là pendant que les soldats fouillaient le manoir à sa recherche. Le moindre bruit ou le moindre rai de lumière trahissant l'existence d'une telle cachette aurait signé son arrêt de mort. Et celui du propriétaire des lieux.

Vicky frissonna de nouveau. Elle avait du mal à imaginer que de telles choses aient pu se passer ici même. Ce n'était pas étonnant qu'il y ait des gens pour croire aux fantômes.

James perçut son tremblement. Il aurait voulu la serrer dans ses bras pour la rassurer, lui dire qu'elle ne craignait rien. Il prit une profonde inspiration ; aussitôt, son agréable parfum fleuri lui emplit les narines. Elle représentait pour lui la vie dans cet endroit qui évoquait la mort et les souffrances passées.

— Voilà, maintenant, je pourrai dire à votre tante que j'ai vu la cachette du prêtre, déclara Vicky d'une voix qui se voulait guillerette.

Elle avait hâte de sortir de là. Et pas seulement parce que l'endroit lui faisait peur, mais parce que la promiscuité de James déclenchait en elle un torrent d'émotions.

Elle se tourna légèrement et sentit une grosse toile d'araignée contre son visage, puis un insecte qui courait sur sa joue.

Elle fit un bond de côté en criant :

— J'ai une araignée sur moi ! Je la sens !

Elle détestait les araignées et, en particulier, les grosses araignées velues comme celle qui devait avoir élu domicile dans cet endroit sombre et humide.

Elle atterrit contre la poitrine de James, qui referma aussitôt ses bras autour d'elle. Elle en éprouva d'abord du soulagement, car elle s'y sentait en sécurité. Mais, très vite, les notes boisées de son eau de toilette mêlées à l'odeur masculine de sa peau lui montèrent à la tête.

— N'ayez pas peur, lui dit-il d'une voix qui lui paraissait plus grave dans le noir. Les araignées d'ici ne sont pas venimeuses.

— Venimeuses ou pas, elles me terrifient.

Il la serra plus fort contre lui tout en se disant qu'il ne devrait pas prolonger une étreinte aussi troublante. Il devrait tout de suite rouvrir le panneau secret et ressortir en plein jour avec elle. Oui, mais… il lui avait fait peur. Il fallait bien qu'il la réconforte…

Sans plus réfléchir, il inclina la tête et ses lèvres cherchèrent celles de Vicky. Quand il les sentit sous sa bouche, leur douceur provoqua chez lui une réaction physique immédiate. Il plaqua Vicky plus fort contre lui pour qu'elle se rende compte de l'émoi dans lequel elle le plongeait.

Elle se laissa faire, et il accentua la pression de sa bouche, le corps frissonnant sous la force du désir qu'elle lui inspirait.

« Arrête ! lui criait une petite voix dans sa tête. Cette femme est ton ennemie. C'est peut-être une ruse de sa part que de te séduire pour mieux te gruger par la suite. Pense donc à l'enjeu d'un tel moment de plaisir : tes enfants. »

Mais il savourait tellement ce long baiser et la sensation de son corps pressé contre le sien qu'il était bien incapable de la lâcher.

Le léger bruit de gorge de Vicky le ramena brutalement à la réalité. Etait-elle en colère ? Cherchait-elle à lui échapper ? Peut-être n'osait-elle pas s'écarter uniquement à cause de sa peur de l'araignée ?

Cette pensée le mortifia et il laissa aussitôt retomber ses bras. Allait-elle imaginer qu'il avait profité de sa frayeur pour l'embrasser ? C'était pourtant bien ce qu'il avait fait.

Embarrassé par ce comportement impulsif, inhabituel chez lui, il tâtonna pour trouver le levier du panneau secret et l'actionna.

Vicky se faufila aussitôt dans l'entrebâillement et il en ressentit un terrible sentiment d'abandon. Tout en refermant le panneau, il réfléchissait à toute vitesse. Devait-il s'excuser ? Ou faire comme si de rien n'était ?

Il jeta un rapide coup d'œil à la jeune femme mais ne réussit pas à deviner ses pensées. Vicky était seulement un peu plus pâle que d'habitude, ce qu'il pouvait tout aussi bien mettre sur le compte de l'araignée que sur celui du baiser échangé.

— Je suis désolé, murmura-t-il. J'ai agi sans réfléchir.

S'il embrassait ainsi sans réfléchir, pensa Vicky, qu'est-ce que cela devait être quand il y mettait toute son ardeur !

S'il n'avait agi que sur une impulsion et qu'à présent, il regrettait son mouvement, par amour-propre elle ne devait pas lui montrer à quel point ce baiser l'avait troublée.

— N'en faisons pas un drame, répondit-elle d'un ton aussi léger que possible. Ce n'était qu'un baiser.

« Mais quel baiser ! » se dit James en imaginant, après un tel avant-goût, le plaisir voluptueux qu'il éprouverait s'il lui faisait l'amour.

Malheureusement, elle ne semblait pas du tout partager son émotion. Pour elle, visiblement, c'était comme s'il ne s'était rien passé entre eux. Cette pensée le démoralisa.

6.

Un lourd silence les enveloppait.

Vicky se sentait incapable de parler de choses sans importance pour le rompre. Elle avait l'impression d'étouffer.

Elle observa James à la dérobée. Il avait l'air tout à fait normal. Leur baiser ne semblait pas l'avoir bouleversé comme elle. Sachant qu'un homme doté de son physique et de sa classe pouvait s'offrir toutes les femmes qu'il voulait — les plus belles et les plus sophistiquées —, comment elle, une femme de trente ans de condition beaucoup plus modeste, pourrait-elle présenter pour lui un quelconque intérêt ?

Mais, alors, pourquoi l'avait-il embrassée ?

Il est vrai qu'elle s'était littéralement jetée dans ses bras quand elle avait senti cette horrible araignée sur son visage. Pourvu qu'il ne pense pas qu'elle l'avait fait exprès ! Pourvu qu'il ne devine pas qu'elle était privée de contact physique avec un homme depuis longtemps et que cela lui manquait. Comme elle aurait l'air pathétique !

Pourtant, ne pas avoir d'homme dans sa vie était un choix de sa part. Les seuls liens affectifs auxquels elle aspirait maintenant étaient ceux qu'elle pourrait nouer avec ses jumeaux. Les enfants, elle pouvait les comprendre et les aimer. Les hommes, en revanche, son expérience passée l'en avait guérie.

Tout en suivant James dans les longs couloirs, elle cherchait désespérément une remarque drôle à faire pour détendre l'atmosphère.

— J'aimerais aller voir les enfants, dit-elle enfin.

— Ils font la sieste l'après-midi.

— S'ils dorment, je ne resterai pas. Vous m'avez bien dit que je pourrais y aller aussi souvent que je le voudrais ?

Elle craignait qu'il n'eût changé d'avis.

— Oui, mais...

— Mais quoi ? Je ne vais pas leur faire de mal.

— Je m'en doute. Seulement, je ne voudrais pas contrarier Nanny. Grâce à elle, eux qui étaient si chétifs au sortir de la clinique sont devenus deux beaux bébés en parfaite santé. Elle a fait un travail remarquable. Vous comprendrez donc que je ne veuille pas aller contre sa volonté. Que ferais-je si elle me donnait sa démission ?

— Je... leur mère, corrigea aussitôt Vicky, serait tout à fait heureuse de s'en occuper.

— Mme Sutton ? demanda-t-il, incrédule.

— Je ne vois pas ce qui vous surprend. La plupart des femmes s'occupent elles-mêmes de leurs enfants. Et le font avec un grand bonheur.

Les femmes qu'il avait connues n'étaient pas de celles-là. Sa propre mère l'avait remis entre les mains d'une nourrice dès sa naissance et ne l'avait revu que de rares fois ensuite. Quant à Romayne, elle n'avait même pas attendu que les jumeaux sortent de l'unité de soins néonatals pour abandonner par écrit tous ses droits sur eux, tant elle était pressée de divorcer.

— Mme Sutton a-t-elle déjà pris soin d'autres enfants ? s'enquit James en se demandant ce qui chez cette femme inspirait à son avocate une telle loyauté.

— Non, répondit Vicky.

Elle lui avait déjà débité tellement de mensonges qu'elle ne se les rappelait pas tous. Elle n'était pas sûre que cette réponse fût cohérente avec le reste de l'histoire inventée à propos de sa cliente.

— Alors comment pouvez-vous l'imaginer capable de s'en occuper aussi bien que Nanny ? insista James, qui avait l'air déterminé de tirer cette affaire au clair.

— C'est simple. C'est leur mère, elle les aime. L'amour compense bien des défaillances. Et puis le métier de parent s'apprend sur le tas, si vous me permettez l'expression.

— Comme beaucoup d'autres activités, remarqua James sur un ton pince-sans-rire. Tuer ou dévaliser des banques, par exemple.

— Je refuse de me lancer dans une discussion aussi oiseuse. Vous m'avez donné votre parole et je vous obligerai à la respecter.

— Je ne reviendrai pas sur ma parole. Je voudrais seulement éviter...

— ... De contrarier Nanny le Cerbère, termina Vicky avec humeur.

— Vous ne devriez pas l'appeler ainsi !

— Ce qualificatif lui sied pourtant à merveille.

James en convenait intérieurement, mais refusait de l'admettre. En outre, il restait convaincu de la qualité des soins que Nanny prodiguait à ses enfants et redoutait de la perdre. En effet, que ferait-il si elle s'en allait ?

Si Vicky se proposait de s'occuper des jumeaux elle-même, ce serait différent. Elle paraissait sensée, posée, et soucieuse de leur bien-être. Mais son métier d'avocate devait être très prenant. Elle n'avait sûrement pas le temps de s'occuper de deux bébés. C'était même étonnant qu'elle ait réussi à se libérer assez longtemps pour accomplir ce périple jusqu'en Angleterre.

— Je vous accompagne, finit-il par dire, pensant que sa présence pourrait éviter des heurts entre Vicky et la nourrice.

Par ailleurs, il se réjouissait de cette occasion supplémentaire de voir ses enfants.

Même s'ils dormaient. Il ne les avait pas revus endormis depuis ces horribles semaines d'hôpital passées à veiller sur eux en priant le ciel pour qu'ils survivent, tant ils semblaient de constitution chétive.

— C'est bien normal, vous êtes leur père.

Il était leur père et il en était fier. Son seul regret était de n'avoir pas choisi pour épouse une femme comme... comme Vicky Lascoe. Une femme qui les aurait aimés pour eux-mêmes et leur aurait consacré une grande partie de son temps au lieu de les confiner dans une nursery.

Son premier mariage lui avait servi de leçon. Plus jamais il ne se laisserait guider par son instinct sexuel. A l'avenir, il ferait preuve de plus de bon sens.

Vicky marchait maintenant à ses côtés. En admirant son profil délicat, il se dit qu'au fond, sagesse et attirance sexuelle n'étaient pas forcément contradictoires.

Arrivé devant la nursery, il leva la main pour frapper à la porte.

— Vous n'avez pas à frapper, lui dit Vicky. Vous êtes chez vous et ce sont vos enfants.

Elle tendit la main vers la poignée, la tourna et pénétra dans la pièce. Il la suivit, un peu hésitant, craignant de réveiller les jumeaux.

En fait, ils ne dormaient pas. L'assistante de la nourrice, une serviette à la main, les regarda entrer les yeux écarquillés de surprise.

— Vous désirez ? dit la voix de Nanny derrière eux. Je leur donne exceptionnellement leur bain avant la sieste, puisque vous avez laissé Edmond se barbouiller avec les céréales.

— Nous allons vous aider, déclara Vicky d'un ton ferme en prenant la serviette des mains de la jeune fille affolée.

— Nous aider ? s'étrangla la nurse.

— C'est bien ce que j'ai dit.

Vicky sortit Edmond de sa petite baignoire et l'enveloppa dans la serviette.

— Vous allez le sécher pendant que je lave Marie-Rose, dit-elle à James en lui tendant le bébé.

— Non, non, Monsieur, intervint Nanny, vous risquez de le laisser tomber.

— Eh bien, James, asseyez-vous par terre, conclut Vicky, imperturbable. Comme ça, vous ne risquerez pas de le casser.

Il s'installa aussitôt sur l'épaisse moquette verte et tendit les mains.

Il prit son fils dans ses bras avec bonheur et entreprit de le sécher aussi délicatement qu'un objet de porcelaine. Vicky était tout attendrie devant sa touchante application. Il paraissait si soucieux de bien faire !

Puis elle sentit la colère monter en elle à l'idée que la nurse avait fait, jusqu'à présent, barrage entre le père et ses enfants. C'est à peine s'il osait les toucher. Mais elle ne s'en tirerait pas comme ça ! Les choses allaient changer. Et si cela ne plaisait pas à la nurse, celle-ci n'aurait qu'à s'en aller. Le plus tôt serait le mieux.

Vicky se tourna ensuite vers Marie-Rose, qui jouait dans le parc, vêtue seulement d'une couche.

— Viens, mon ange, lui dit-elle en lui souriant.

Marie-Rose lui rendit son sourire, ce qui l'emplit d'une grande fierté. Sa fille savait reconnaître ceux qui l'aimaient vraiment.

— Avez-vous déjà baigné un bébé, madame ? lui demanda Nanny.

— Non, ce sera la première fois. Vous aussi, vous avez connu une première fois.

— Moi, j'ai reçu une formation, se récria Nanny.

— Ce que Mme Lascoe veut dire, c'est que s'occuper d'un bébé, cela s'apprend au fil des jours, intervint James.

Vicky lui sourit avec chaleur pour cette réflexion inattendue qui laissa la nurse pantoise.

Celle-ci se posta à côté d'elle, les bras croisés sur la poitrine, pour la surveiller pendant qu'elle baignait Marie-Rose, mais Vicky n'en fut nullement intimidée. Elle était tout au bonheur de s'occuper de sa petite fille comme elle aurait souhaité le faire dès sa naissance et comptait bien le faire le plus souvent possible désormais.

Une fois qu'elle l'eut habillée de la grenouillère tendue avec mauvaise grâce par la nurse, elle la garda un instant contre elle pour la câliner. Elle aurait bien aimé l'échanger ensuite contre Edmond, mais James s'en serait sans doute étonné. Or, il n'était pas question qu'elle lui avoue son identité devant Nanny.

Elle préférait lui faire cet aveu en tête à tête, car elle craignait une réaction violente de sa part. Il n'apprécierait certainement pas d'avoir été trompé. Cela dit, elle n'aurait pas été contrainte d'user d'une telle supercherie s'il n'avait pas commencé par refuser que la mère des enfants vienne en personne.

— C'est l'heure de leur sieste.

La voix sèche de Nanny la ramena à la réalité.

Vicky lui tendit Marie-Rose et la regarda avec envie la coucher dans son berceau. La nurse prit ensuite Edmond des mains de son père, qui le lui remit visiblement à contrecœur.

Comme ce serait merveilleux s'il n'y avait que James, elle et les deux bébés ! S'ils formaient une famille normale... Elle chassa aussitôt cette pensée. Si elle se croyait capable d'être une mère normale, James, lui, n'avait rien d'un père normal, vu ses origines aristocratiques, sa fortune, son physique et sa personnalité.

— Veuillez sortir, à présent, leur ordonna la nurse. Il faut qu'ils dorment, sinon ils seront grincheux et énervés ce soir.

« Parlons-en, de grincheux ! », pensa Vicky. Puis elle eut un accès d'indulgence. Si Nanny se montrait aussi désagréable, c'était sans doute parce qu'elle n'aimait pas qu'on bouleverse ses habitudes. Eh bien, la pauvre femme aurait un sacré choc quand elle, Vicky, réussirait à obtenir la garde partagée !

— Cela s'est plutôt bien passé, commenta James quand ils se retrouvèrent dans le couloir. Mieux que je ne l'aurais pensé.

— Vous êtes parfaitement capable de vous occuper de vos enfants, James. Vous devriez le faire plus souvent.

Ce compliment le réjouit. Pourquoi avait-il une telle confiance dans les jugements de la jeune femme ? Cela tenait-il à son statut d'avocate ?

— J'ai remarqué que vous ne parliez pas souvent de votre métier, lui dit-il après un silence. Votre voyage jusqu'ici prouve pourtant que vous l'exercez avec passion.

Vicky prit une profonde inspiration. Puisqu'il lui tendait la perche, le moment était venu de lui avouer la vérité. Et de s'enfuir ensuite en courant le temps qu'il se calme.

— C'est que... enfin..., balbutia Vicky. Eh bien, voilà, j'ai des liens de sang avec les jumeaux.

— Ah bon ? Comment ça ?

Mais James, même s'il ne voulait pas encore l'admettre, savait parfaitement à quoi elle faisait allusion. Il comprenait à présent pourquoi, dès son arrivée, il avait eu l'impression de déjà la connaître. Son subconscient avait dû enregistrer sa ressemblance avec les enfants.

Si Vicky était une parente de Mme Sutton, cela expliquait pourquoi, pour défendre les intérêts de celle-ci, elle s'était donné la peine de venir jusqu'en Angleterre afin de s'assurer que les enfants allaient bien.

— Etes-vous une cousine de Mme Sutton ?

James se demandait si ces liens de famille n'allaient pas empêcher la jeune avocate de reconnaître avec objectivité que, dans leur intérêt, les jumeaux devaient rester chez lui.

— Non. Elle et moi...

— Alors, vous êtes sans doute ce que ma tante Sophie appelle une parente éloignée, conclut-il sans la laisser continuer. Pour elle, cela peut recouvrer un large éventail qui peut aller de la simple marraine à une cousine au seizième degré.

— Non, non. Je suis beaucoup plus proche que cela de Mme Sutton.

— Qui est américaine.

Vicky fut déstabilisée par cette affirmation. Elle ne voyait pas le rapport entre le fait qu'elle soit américaine et ce qui s'était dit précédemment.

— Oui, c'est un fait. A vrai dire, elle et moi sommes...

Elle n'arrivait pas à sortir les mots : « une seule et même personne. »

— Américaines, toutes les deux, reprit James en poursuivant son cheminement de pensée. Remarquez, je n'ai rien contre les Américains.

— Vos meilleurs amis le sont ?

Sans noter son sarcasme, James poursuivit :

— J'aime leur esprit inventif et leur volonté d'aider les pays qui en ont besoin. Mais les jumeaux sont anglais.

— Comment cela ? répliqua Vicky. Ils ont autant de sang américain que de sang anglais !

— Ils sont nés en Angleterre.

— Mais ont été conçus aux Etats-Unis. J'aimerais d'ailleurs bien savoir pourquoi.

Elle se posait cette question depuis qu'elle avait appris qu'un médecin peu scrupuleux avait vendu ses ovules à James et à sa femme.

— Il y a de bonnes cliniques de procréation médicalement assistée en Angleterre, insista-t-elle. Pourquoi aller jusqu'aux Etats-Unis ?

— Par souci d'anonymat, répondit James. Je ne voulais pas prendre le risque qu'un journaliste véreux découvre la chose et la divulgue dans la presse à scandale britannique. Les jumeaux en auraient pâti plus tard. Néanmoins, peu importe où ils ont été conçus, ils sont nés en Angleterre et cela fait d'eux des Anglais. C'est donc ici qu'ils doivent être élevés.

Vicky termina sa phrase mentalement.

« ... loin de leur mère américaine. » Celle qu'il croyait toujours être Mme Sutton.

Elle se sentit brusquement abattue.

Elle avait bien tenté de lui avouer la vérité, et, s'il ne l'avait pas entraînée sur le sujet de la nationalité, elle aurait peut-être réussi. A présent, elle cherchait encore ses mots pour la lui dire et tout ce qu'elle avait appris lors de son fameux séminaire de confiance en soi ne lui était d'aucun secours. En fait, elle avait trop peur de le mettre en colère et qu'il ne la chasse de sa maison.

— La mère biologique des enfants a le droit de les connaître. Et eux ont droit à l'amour qu'elle est prête à leur donner, finit-elle par dire.

Ce fut au tour de James d'être déstabilisé. Vicky avait-elle raison ? Les enfants regretteraient-ils un jour de ne pas avoir eu de mère ? Car force était d'admettre qu'ils n'avaient rien à espérer de Romayne ; elle n'avait été que leur mère porteuse. Lui en voudraient-ils plus tard de les en avoir privés ?

Cependant, même s'ils avaient droit à l'amour maternel d'une femme, cela ne voulait pas dire que Mme Sutton était la seule capable de leur en donner. Il revoyait la façon dont Vicky avait tenu Marie-Rose dans ses bras. Elle, ferait une mère formidable.

— Cela ne vous plaît peut-être pas, James, mais Mme Sutton est la mère des jumeaux et elle a autant de droits que vous de les élever.

— Ils sont anglais, insista-t-il, l'air buté.

— Soit, ils sont anglais, reprit Vicky avec impatience. Mais peu importe l'étiquette ; ce qui compte, c'est ce qu'ils seront plus tard en fonction de qui les aura élevés.

— Vous m'avez dit que Mme Sutton n'avait aucune expérience des enfants.

— Et vous, en aviez-vous avant eux ?

— Nanny...

— Vous reconnaissez donc qu'en fait, c'est Nanny qui les élève ?

— Ce ne sont encore que des bébés. Ils ont besoin de soins spécialisés.

— Ils ont surtout besoin de l'amour de leurs parents. Et Nanny n'est pas leur mère !

— Moi, leur père, je les aime !

— Admettons. Alors, pourquoi refusez-vous l'idée que leur mère puisse les aimer aussi ?

— Elle ne les connaît même pas !

— Ce n'est pas faute de l'avoir voulu ! C'est vous qui essayez de la tenir à distance.

James regardait l'expression crispée de Vicky avec frustration. Pourquoi n'arrivait-il pas à lui faire comprendre qu'il cherchait à faire pour le mieux pour ses deux enfants ?

— Je refuse toute discussion sur ce point. Ils ne quitteront pas cette maison !

— Ce que vous voulez ne sera pas forcément l'issue finale !

— Excusez-moi, Monsieur, vous avez un appel de Singapour. C'est très important, paraît-il.

Vicky et James sursautèrent en entendant la voix posée de Beech.

« Bon sang ! pensa Vicky. On ne peut même pas se disputer sans témoins dans cette maison ! »

— J'arrive, répondit James d'un ton agacé à son majordome, qui semblait pressé de quitter la pièce.

— Cette discussion est loin d'être terminée, ajouta-t-il à l'intention de Vicky avant de suivre son majordome.

— Oh que non !

Elle se dirigea vers la porte-fenêtre qui donnait sur les jardins et sortit sur la terrasse. Elle avait besoin de réfléchir. Comment arriver à convaincre James ? Le fait d'admettre que les enfants étaient bien anglais suffirait-il à lui faire accepter, de son côté, l'idée de les lui laisser voir régulièrement ?

Elle se laissa tomber sur un transat installé sous un immense hêtre pourpre et ferma les yeux.

Ce fut la voix de Nanny qui réveilla Vicky qui ouvrit aussitôt les yeux comme si elle sortait d'un cauchemar. La voix venait de l'autre côté d'une épaisse haie. Elle regarda sa montre. Incroyable ! Elle avait dormi plus d'une heure. Sans doute était-elle plus fatiguée qu'elle ne le pensait.

Sa curiosité en éveil, elle contourna la haie et s'approcha. Sur un grand plaid rouge étalé sur la pelouse, le petit Edmond, sur le ventre, semblait chercher à avancer à quatre pattes tandis que Marie-Rose, allongée sur le dos, observait ses doigts de pieds. Nanny était assise auprès d'eux et leur chantait une comptine. Etonnamment, sa voix n'avait plus rien de cassant.

Dès qu'elle sentit la présence de Vicky, elle tourna la tête et son visage reprit son habituelle expression sévère.

— Bonjour, lui dit Vicky aimablement.

— Madame, répondit Nanny avec un petit mouvement de tête. Je fais prendre l'air aux enfants, comme vous le voyez.

— C'est bien.

Sans attendre d'y être invitée, ce qui était peu probable, Vicky s'installa sur un coin du plaid.

— Edmond a vraiment l'air de vouloir ramper, remarqua-t-elle.

— Ce n'est pas inné chez les bébés. Il faut d'abord qu'ils apprennent à coordonner leurs mouvements.

— Et Marie-Rose, est-ce qu'elle essaie ?

— Pas encore, mais elle le fera en son temps, répondit Nanny comme si la question de Vicky renfermait une critique. L'important, c'est de les laisser s'ébattre librement.

Le sous-entendu était clair. « Ne cherchez pas à les prendre dans les bras », traduisit Vicky. Mais cela ne la dérangeait pas ; elle s'estimait déjà heureuse d'être tout près de ses enfants. L'atmosphère était paisible et le cadre du jardin reposant. En regardant au loin, elle vit une femme sortir de derrière la serre et se diriger vers la maison. Elle ne manquerait donc pas de passer devant le petit groupe qu'ils formaient.

Elle devait avoir environ trente-cinq ans et portait un tailleur-pantalon haute couture. Si ce n'était pas une domestique, qui était-elle, alors ?

Vicky jeta un coup d'œil de côté à Nanny, dont le visage fermé ne trahissait aucun sentiment.

La femme l'apostropha dès qu'elle fut à portée de voix.

— Qui êtes-vous et que faites-vous avec les enfants de M. Thayer ?

Vicky fut tentée de répondre que cela ne la regardait pas, mais elle s'obligea à se montrer polie.

— Je m'appelle Vicky Lascoe et je prends l'air avec eux.

— M. Thayer sait-il que vous êtes là ?

— Allez-le-lui demander, répondit Vicky, agacée par le ton autoritaire que cette femme usait envers elle.

— J'y vais de ce pas ! Nanny, ne pensez-vous pas qu'il est l'heure de les rentrer ?

— Non, répondit la nurse fermement, même si la question ressemblait davantage à un ordre. Ils n'ont pas encore eu leur content de bon air.

Vicky observait successivement l'expression furieuse de l'inconnue et le visage imperturbable de la nurse. Nanny avait-elle fait cette réponse par principe ou parce qu'elle ne l'aimait pas, ce en quoi elle l'approuvait ? Elle n'était là que depuis une minute et, déjà, elle-même la détestait.

— M. Thayer..., commença la femme d'une voix aiguë et menaçante.

— Si vous cherchez James, il est à l'intérieur, la coupa Vicky en voyant l'air inquiet de Marie-Rose.

Elle la prit instinctivement dans ses bras pour la rassurer, et le visage de la petite fille s'éclaira.

— James ? répéta la femme, outrée. Comment osez-vous l'appeler par son prénom ?

— Vous perturbez ses enfants. Veuillez aller crier ailleurs, je vous prie.

La femme était rouge de colère.

— Savez-vous qui je suis ?

— A part quelqu'un qui trouble leur sérénité, je l'ignore. Et je m'en moque éperdument.

— C'est ce que nous verrons ! lança l'autre en pivotant sur ses escarpins italiens de prix pour partir comme une furie vers la maison.

« Pourvu que ce ne soit pas la petite amie de James ! » pensa Vicky.

Non seulement parce qu'elle ferait une épouse détestable, mais surtout une marâtre exécrable pour les jumeaux.

En fait, Vicky brûlait de savoir qui elle était.

7.

— James, te voilà !

James leva les yeux en reconnaissant la voix d'Esmee. Il espérait que son visage ne reflétait pas le désagrément que lui causait sa visite.

— Je suis désolé, Monsieur, s'excusa Beech, qui se hâtait derrière elle. J'ai bien dit à Mlle Defoe que vous ne vouliez pas être dérangé…

— Et je lui ai répondu que ces ordres ne me concernaient pas, termina la femme.

— C'est bon, Beech.

Il congédia son majordome en sachant très bien que la seule façon dont celui-ci aurait pu empêcher Esmee d'entrer était d'user de la force. Il la connaissait depuis l'enfance et elle avait toujours considéré que les règles s'appliquaient aux autres, mais pas à elle.

— J'ai dit à ce vieil idiot qu'il n'avait pas à m'annoncer, déclara Esmee en se perchant sur le coin du grand bureau en acajou.

— Beech n'est ni vieux ni idiot, rétorqua James en espérant que la voix perçante d'Esmee n'avait pas porté jusque dans le couloir.

— Voyons, James, c'est peut-être un fidèle serviteur mais de là à être aveugle...

— Et à quoi dois-je cette... visite ? dit James qui s'était retenu de parler d'intrusion.

— J'ai entendu dire ce matin dans le village qu'une femme séjournait au manoir et je suis venue voir ce qu'il en était. Qui est-ce ? Et comment se fait-il que je l'aie trouvée en compagnie des jumeaux ?

— C'est une parente éloignée venue d'Amérique pour établir son arbre généalogique. Quant à ce qu'elle faisait avec les jumeaux, elle jouait avec eux, sans doute. Les Américains adorent les enfants, paraît-il.

— Et ils en font les gosses les plus mal élevés du monde ! Mais passons. Qu'est-ce qu'il t'a pris de l'accueillir chez toi ? Comment peux-tu croire que cette... femme est une parente ? Qui te dit qu'elle ne projette pas, en fait, de kidnapper les jumeaux ?

« Qu'elle rêve de les enlever pour les amener à Mme Sutton, c'est certain, convint James en son for intérieur. Mais elle ne ferait jamais une chose aussi méprisable ; ni aussi stupide. »

— Je suis certain que Vicky Lascoe est bien la personne qu'elle dit être.

— Eh bien moi, je suis persuadée du contraire ! rétorqua Esmee violemment.

James fut tenté de lui dire de se mêler de ses affaires, mais il se retint en se souvenant que non seulement c'était une amie d'enfance, mais aussi que les Defoe et les Thayer étaient étroitement liés par des liens d'amitié ou de mariages depuis plus de trois cents ans. Il aurait simplement aimé qu'Esmee se trouve enfin un mari et cesse de vouloir régenter sa vie.

— Tu verras que j'avais raison. Cette femme a un air sournois qui ne me plaît guère.

James revit le visage tout attendri de Vicky pendant qu'elle donnait son bain à Marie-Rose. Il ne pouvait pas l'imaginer jouant la comédie. Mais ce serait une perte de temps d'essayer d'en convaincre Esmee. Elle n'écoutait jamais personne.

— Tu as de la chance, reprit Esmee. Je n'ai rien de prévu ce soir. Je vais donc pouvoir rester dîner pour éclaircir le mystère.

— C'est inutile.

— Allons donc ! Tu es si naïf avec les femmes, James !

Elle lui fit un sourire empreint de coquetterie qui l'exaspéra.

— Crois bien ce que tu veux ! rétorqua-t-il d'un ton sec qui la fit battre en retraite.

— Je vais aller voir ce que le chef nous a préparé.

« Quelle plaie ! » s'exclama-t-il à voix basse dès qu'elle fut sortie.

Il n'avait vraiment pas besoin qu'Esmee vienne compliquer la situation en cherchant à jouer aux détectives. Mais il ne voyait aucun moyen de s'en débarrasser élégamment.

Contrarié par son intervention intempestive, il se leva et s'approcha de la fenêtre. Il aperçut alors Vicky qui traversait la pelouse avec Marie-Rose dans les bras tandis que Nanny poussait Edmond dans le landau.

Le soleil couchant faisait étinceler ses cheveux blonds et entourait sa jolie silhouette d'un halo mordoré qui lui donnait un air irréel. Elle n'avait pourtant rien d'irréel et les idées que sa vue éveillait en lui étaient tout à fait concrètes. Il mourait d'envie de la prendre dans ses bras et de l'embrasser de nouveau. Il voulait sentir ses lèvres douces et chaudes s'entrouvrir sous les siennes. Cependant, il savait bien qu'il y avait un monde entre ce qu'il voulait et ce qu'il pouvait faire. Vicky semblait être d'une loyauté à toute épreuve envers sa cliente. Elle considérerait sans doute le fait de se laisser séduire par lui comme un cas flagrant de conflit d'intérêts, voire de trahison.

Il soupira. Il aurait dû naître à un autre siècle. Ne serait-ce qu'à l'époque de Peregrine Thayer. Il l'aurait alors enlevée et gardée captive jusqu'à ce que...

Jusqu'à ce que quoi ? se demanda-t-il avec une ironie qu'il destinait à lui-même. Qu'elle tombe amoureuse de lui et veuille rester vivre auprès de lui ? Les femmes ne tombaient pas amoureuses de lui. De sa fortune, oui, mais pas de lui. Même Romayne l'avait quitté dès qu'elle avait trouvé un autre homme aussi riche.

Plus vraisemblablement, la femme que son ancêtre aurait enlevée serait restée avec lui uniquement parce qu'elle se serait trouvée enceinte et n'aurait pas eu d'autre choix compte tenu des mœurs de l'époque.

Non, il ne voulait pas de ça avec Vicky. Si elle faisait l'amour avec lui, il voulait que ce soit un choix délibéré de sa part.

Arrivée devant la porte-fenêtre du salon, Vicky brossa discrètement sa robe de soie verte au niveau des épaules pour être sûre qu'il n'y était pas tombé de cheveux. Ce geste de coquetterie ne s'adressait pas à James — du moins cherchait-elle à s'en persuader —, mais Vicky voulait être à la hauteur de la magnifique demeure où elle était reçue comme invitée.

Elle marqua un temps d'arrêt en découvrant, assise en face de Sophie, la femme déplaisante qui l'avait interpellée dans le jardin. Qui était-elle donc pour se permettre d'apostropher les invités du maître de maison ?

Avec son physique de cheval et sa voix criarde, elle ne pouvait pas avoir succédé à Romayne, l'ex-femme de James, qui était, au vu des photos, d'une beauté époustouflante.

— Vous mangez avec la famille ? lui demanda l'inconnue avec agressivité.

— Et c'est bien normal, intervint Sophie. Non seulement elle fait partie de la famille, mais elle a même été invitée.

Vicky vit le visage de la femme s'empourprer de rage. De toute évidence, Sophie ne la portait pas dans son cœur. Tiens, tiens. Intéressant !

— Nous n'avons pas été présentées, Sophie, dit-elle en se tournant vers la vieille dame avec un charmant sourire.

Mais celle-ci répondit en grommelant :

— Eh bien, elle n'a qu'à se présenter elle-même ! Elle s'est bien invitée à dîner.

— C'est James qui m'a proposé de rester ! se récria la femme avant d'ajouter en s'adressant à Vicky : Je suis Esmee Defoe.

Tout dans son expression signifiait que Vicky aurait dû se montrer impressionnée par ce nom ; en tout cas, l'inconnue s'attendait à ce que James lui ait parlé d'elle.

— Enchantée, mademoiselle Defoe. C'est bien mademoiselle ?

— Pour le moment, répondit Esmee avec un petit sourire suffisant.

— Le temps étant une chose relative, marmonna Sophie de son coin de canapé.

— Vous êtes une voisine ? demanda Vicky pour rompre le lourd silence qui s'était installé dans la pièce.

— Comment ! James ne vous a pas parlé de moi ?

— L'occasion ne s'est pas présentée.

Vicky éprouvait de plus en plus de sympathie pour la tante Sophie. Si celle-ci devait supporter régulièrement Esmee Defoe, il était même étonnant qu'elle ne l'eût pas encore étranglée.

— Par contre, il m'a parlé de vous.

Vicky ressentait l'envie puérile d'émettre un commentaire désobligeant. Comment se faisait-il que cette femme lui inspirât une telle antipathie ?

— Ah ! te voici, mon chéri ! s'exclama Sophie en voyant James entrer précipitamment dans le salon.

— Veuillez excuser mon retard. J'étais au téléphone avec un jeune homme de Liverpool qui collecte des fonds pour une idée formidable.

— Rien de formidable n'est jamais venu de Liverpool, railla Esmee d'un ton méprisant.

— N'est-ce pas la ville d'où viennent les Beatles ? demanda innocemment Vicky.

— La musique pop ne m'intéresse pas. Je préfère le classique. Ces groupes pop sont tellement vulgaires ! N'est-ce pas, James ?

Vicky eut envie de la gifler tout en s'étonnant de la violence de cette réaction viscérale que cette femme suscitait en elle. Etait-ce parce qu'elle risquait d'avoir une influence sur l'éducation des jumeaux ?

— Non, Esmee, je ne partage pas ton avis, répondit posément James. Quant aux Beatles, j'aime beaucoup certaines de leurs chansons. Comme *Yellow Submarine*, par exemple.

— Moi, ma préférée c'est *Let It Be*, déclara Vicky.

— J'ai tous leurs premiers disques, ajouta James. Si vous voulez, un soir, je vous en ferai écouter quelques airs et vous me direz si vous trouvez le son aussi bon que sur les versions ultérieures enregistrées sur CD.

Celui de sa voix, en tout cas, apaisa les nerfs à vif de Vicky et elle eut la sensation que leurs goûts communs les isolaient pour un court instant du reste du monde.

— Quelle bonne idée ! s'exclama Esmee.

— Je ne voudrais surtout pas t'imposer une soirée Beatles alors que tu les détestes, rétorqua James.

Vicky se demanda s'il avait vraiment eu l'intention de lui faire écouter ses disques ou s'il avait sauté sur le prétexte pour faire enrager Esmee. Elle avait l'impression d'arriver au troisième acte d'une pièce de théâtre dont elle ne connaissait pas les deux premiers.

— Madame est servie.

La voix du majordome la tira de ses pensées.

— Merci, Beech.

Esmee prit le bras de James d'un air de propriétaire qui la mit hors d'elle, mais Sophie demanda alors d'une petite voix :

— Peux-tu me conduire jusqu'à la salle à manger, mon garçon ? Je me sens un peu faible, ce soir.

Vicky cacha son sourire devant la ruse de la vieille dame. Elle n'était donc pas la seule à détester les manières d'Esmee.

— Bien sûr, tante Sophie, répondit James en abandonnant le bras d'Esmee, visiblement sans le moindre regret.

Celle-ci fulminait, mais, Dieu merci, en silence. Vicky suivit le trio à contrecœur dans la salle à manger, certaine que la présence d'Esmee allait lui provoquer une indigestion.

— Vous prétendez donc faire partie de la famille, madame Lascoe ? attaqua la peste dès le début du repas.

Vicky, prise au dépourvu, en avala sa cuillerée de soupe de travers et s'étrangla à moitié.

— James, vite ! C'est le moment de pratiquer la méthode de Heimlich que Nanny nous a enseignée ! s'écria Sophie.

— Je ne pense pas qu'il faille aller jusque-là, ma tante, répondit-il en se levant pour venir taper énergiquement Vicky dans le dos.

Elle en oublia aussitôt qu'elle s'étranglait. Elle ne sentait plus que ses doigts fermes à travers le tissu léger de sa robe et la douce chaleur qui se propageait dans toutes ses terminaisons nerveuses.

Si ce seul contact lui faisait un tel effet, qu'en serait-il s'il posait ses mains sur sa peau nue ?

— Ça va, mon petit ? lui demanda Sophie avec sollicitude. James, tu devrais peut-être...

— Mais non, Sophie, ça va aller, répondit Vicky après avoir repris son souffle. J'ai juste avalé de travers.

— C'est l'effet que peut produire une conversation entre tante Sophie et Esmee, murmura James, encore debout derrière elle.

Vicky, surprise de cette remarque, regarda vivement de l'autre côté de la large table, mais Esmee ne semblait pas avoir entendu. Elle était lancée dans un monologue que Sophie écoutait à peine. S'il savait que les deux femmes se détestaient, pourquoi l'avait-il priée de rester dîner ?

se demandait-elle. A moins qu'elle ne se fût bel et bien invitée toute seule ?

Oui, mais, dans ce cas, il aurait pu refuser. Il passait bien son temps à lui dire non, à elle, Vicky, en ce qui concernait les jumeaux. Cet homme représentait vraiment une énigme pour elle !

— Je ne vous ai pas vue à la réunion, cet après-midi, lança Sophie à l'adresse d'Esmee.

— J'avais autre chose à faire.

— Nous avons décidé d'organiser une vente de charité pour aider les Wickham à refaire leur toiture. Que comptez-vous donner ?

— Rien. S'ils avaient pris une assurance habitation ainsi que le font tous les gens responsables, ils n'auraient pas besoin de mendier l'aide de leurs voisins.

— Mais ils ne demandent rien ! se récria Sophie. Ils ne sont même pas au courant de notre projet !

— Vous faites trop de sentimentalisme, ma chère. Les gens peuvent ainsi abuser de vous.

Furieuse devant l'attitude détestable d'Esmee, Vicky se lança dans la bataille.

— Pour ma part, je trouve les intentions de Sophie et de son groupe tout à fait louables. Je ne sais pas qui sont les Wickham, mais peut-être n'ont-ils pas les moyens de payer les primes d'assurance ?

— Quoi qu'il en soit, le fait de les aider revient à les encourager dans leur négligence, persista Esmee. Sophie a manqué là de discernement.

— Sophie a une bien plus grande expérience du monde et de la nature humaine que vous ou moi. Si elle pense que les Wickham méritent qu'on les aide, elle a certainement raison.

Vicky jeta un petit coup d'œil à James et eut le plaisir de voir qu'il lui souriait d'un air approbateur. Ses yeux brillaient d'un éclat qui la troubla fortement. Etait-il content qu'elle prenne la défense de sa tante ? Etait-ce autre chose ? Elle l'ignorait ; ce dont elle était sûre, c'est que Romayne était carrément stupide d'avoir divorcé. Il avait vraiment toutes les qualités qu'une femme peut rechercher chez un homme : il était beau, riche, de noble origine ; il aimait les enfants, était intelligent et cultivé... Quant à son sex-appeal...

Elle baissa les yeux sur son assiette pour cacher son émoi. Son seul regard mettait tous ses sens en éveil. Il se dégageait de lui une telle sensualité ! Le baiser qu'ils avaient échangé était déjà une expérience inoubliable ; alors, faire l'amour avec lui...

Cependant, ce ne serait pas du tout une bonne idée. Il fallait qu'elle conserve comme objectif premier la garde des jumeaux et ne s'en laisse pas distraire.

— Et vous faites quoi dans la vie, madame Lascoe ?

Cette question abrupte d'Esmee la ramena brutalement à la réalité.

— Ou bien préférez-vous ne pas en parler ? fit Esmee d'une voix railleuse.

— Pas à table, non.

— J'approuve, commenta Sophie en toisant Esmee par-dessus ses lunettes. Les gens qui se répandent sur leur travail pendant les repas sont assommants. Et ceux qui questionnent les autres convives encore plus...

— Vous n'avez vraiment aucun sens des réalités, ma chère !

— Cela s'appelle le sens des convenances.

Avant qu'Esmee ait pu rétorquer, James changea de sujet.

— J'ai reçu un appel de M. Murchin cet après-midi, Esmee. Il envisage sérieusement d'implanter un des départements de sa société pharmaceutique ici, dans le village.

— Quoi !

— Etes-vous sourde ? demanda Sophie.

— J'ai parfaitement entendu ! Mais il est hors de question qu'une société vienne construire une usine dans notre village !

— Pourquoi donc ? demanda Vicky avec curiosité.

— Parce que cela lui enlèverait toute sa classe. Je sais bien que ce mot ne veut rien dire pour les Américains.

— Détrompez-vous !

— Et la classe, c'est très bien, se hâta de dire James, mais ça ne nourrit pas les gens. Il y a trop peu de travail ici. Les gens sont obligés de partir s'installer dans les grandes villes.

— Eh bien, qu'ils y aillent ! Comme cela, nous pourrons garder son charme rural à notre village !

Vicky approuvait le souci qu'avait James des gens moins riches que lui et méprisait Esmee pour son égoïsme forcené.

Mais comment faisait-il pour la supporter ? Quelles pouvaient bien être leurs relations ? Elle n'oserait jamais le lui demander, de peur qu'il ne la trouve indiscrète. Sa seule source d'information restait donc Sophie, qui détestait manifestement Esmee.

— C'est une chance que personne ne vous demande votre permission ! lança d'ailleurs tante Sophie à l'adresse d'Esmee.

— Mon oncle fait partie du comité d'aménagement de la commune ! Il pourra opposer son veto à ce projet.

— Si toutefois il est assez sobre pour y siéger et pour comprendre ce dont il y est question !

— Ce rôti est excellent, ma tante, coupa James pour faire diversion, car le ton s'envenimait de plus en plus entre les deux femmes.

— Merci de ce compliment. Je reconnais bien là les bonnes manières que je t'ai enseignées, répondit Sophie avec humour.

Vicky se sentit fondre en imaginant James petit garçon. Mais pourquoi était-ce sa tante qui lui avait appris l'étiquette et non ses parents ? Ne s'étaient-ils point souciés de son éducation ? Dans ce cas, lui-même saurait-il être un bon père pour ses enfants ?

Elle revit alors son expression appliquée quand il avait séché Edmond après son bain. Même s'il n'avait pas eu de modèle parental à reproduire, une chose était certaine : il adorait les jumeaux. Ce qui était déjà un atout inestimable.

Sans doute était-ce à cause d'un sentiment d'incompétence qu'il acceptait les manières un peu trop autoritaires de Nanny. Peut-être réussirait-elle à le convaincre de lui confier les enfants pendant qu'ils étaient encore en bas âge ?

Pour sa part, elle avait eu des parents aimants et formidables et se sentait parfaitement capable de reproduire le même schéma. Comme ils lui manquaient, tous les deux, depuis leur disparition !

— Vous êtes fatiguée, Vicky ? lui demanda soudain James, la tirant de ses pensées.

— Non... non. Pourquoi ?

— Parce que votre visage vient de prendre une expression… de tristesse, me semble-t-il.

Vicky se sentit mal à l'aise devant sa perspicacité.

— Qu'est-ce qui pourrait bien l'attrister ? demanda Esmee d'un ton sarcastique. Elle devrait plutôt se réjouir d'être invitée dans un château comme *Thayer House*.

James ignora sa remarque et continua de fixer Vicky avec attention. Elle se sentait sur le point de craquer tant elle éprouvait le besoin de lui révéler toute la vérité.

— Vous voudrez bien m'excuser de ne pas rester pour le dessert, mais j'ai un coup de téléphone très important à passer, annonça-t-il brusquement. Bonne nuit, Esmee. Rentrez bien.

Il posa sa serviette près de son assiette, se leva et quitta la pièce.

Vicky le regarda partir avec regret. Elle l'aurait volontiers suivi, mais elle ne pouvait pas laisser la pauvre Sophie supporter seule cette garce d'Esmee.

— James est peut-être dupe, attaqua aussitôt celle-ci en la dévisageant d'un regard glacial, mais, personnellement, je ne crois pas un instant que vous soyez réellement une de ses parentes. Et je compte bien mener ma petite enquête.

Vicky refusa de se laisser intimider par de telles menaces. Comment Esmee pourrait-elle découvrir sa véritable identité ? Il existait bel et bien une Mme Lascoe et son avocate et elle avaient à peu près le même âge et la même apparence physique. Tout ce qu'Esmee pourrait prouver, c'est qu'elle n'était pas une parente de James. Et cela, lui le savait pertinemment.

8.

Pour se changer les idées après cet interminable dîner, Vicky décida d'aller chercher un livre dans la bibliothèque. Tout en longeant le couloir y menant, elle ne pouvait s'empêcher de penser à James. C'était vraiment un homme fascinant.

— Vicky ?

En entendant chuchoter son nom, elle sentit une vague de chaleur la parcourir ; son corps avait réagi plus vite encore que son esprit en reconnaissant la voix de James.

Elle se retourna et l'aperçut, à moitié caché derrière la porte entrebâillée de son bureau.

— James ! Vous m'avez fait peur.

— Chuuut… ! Je ne veux pas qu'on m'entende. Esmee est partie ?

— Oui et votre tante est montée se coucher.

La porte s'ouvrit toute grande.

Il avait enlevé la veste de son costume gris impeccable et les manches de sa chemise blanche roulées laissaient voir les poils blonds de ses bras bronzés. Vicky en eut la bouche sèche. Elle se souvenait de la délicieuse sensation qu'elle avait éprouvée quand il l'avait serrée dans ces bras musclés, l'entraînant dans un monde magique qu'elle n'avait jamais imaginé exister. Un monde qu'elle avait très envie d'explorer plus avant.

— Où alliez-vous ainsi ?

— A la bibliothèque me choisir un bon livre.

— Je viens avec vous. J'y ai laissé un catalogue de Sotheby's dont j'ai besoin. Au cours de la prochaine vente, deux cartes anciennes datant du début du XIIIe siècle seront mises aux enchères. C'est une de mes passions.

Quand il lui ouvrit la porte de la bibliothèque pour la laisser entrer, ce geste de simple galanterie la ravit, comme une petite attention qui lui aurait été spécialement destinée.

— Puis-je jeter un coup d'œil sur le catalogue ? demanda-t-elle.

Son intérêt était réel, mais plus grand encore son désir de faire durer ce moment d'intimité avec cet homme qui la troublait tant.

— Bien sûr. Tenez, dit-il en prenant le document posé sur une table. Les cartes sont présentées à la page dix-sept.

Vicky ouvrit le catalogue et retint un sifflement en voyant le prix de mise en vente de chacune. Etre prêt à surenchérir pour acquérir ce genre d'objets rares supposait un cœur bien accroché et un portefeuille bien garni.

— Elles sont magnifiques, n'est-ce pas ?

— Oui, mais leur prix beaucoup moins, osa-t-elle répondre. Même en livres sterling, cela fait une somme exorbitante.

— Et la copie d'une lettre de Cicéron écrite au XIe siècle, cela vous intéresse ?

— Ah oui, bien davantage ! Ils en ont une à vendre ?

— Eux, non. Mais moi j'en possède une. Je vous la montrerai. Elle se trouve dans une vitrine de la salle des munitions. Le papier est trop fragile pour qu'on puisse la toucher.

— Je me contenterai de la regarder. Qu'appelle-t-on, au juste, la salle des munitions ?

— Jusqu'ici, c'était la pièce où mes ancêtres entreposaient leurs armes. Moi, j'y garde les objets précieux auxquels je tiens et je l'ai fait équiper d'un système de sécurité ultra-sophistiqué.

— Votre épouse partageait-elle votre passion des cartes anciennes ?

Vicky espérait qu'il n'allait pas la trouver trop curieuse, mais elle voulait en savoir plus sur sa première femme. Si Romayne se désintéressait complètement des jumeaux pour l'instant, rien ne garantissait que son instinct maternel ne s'éveille un jour et ne l'entraîne à accomplir des actes inconsidérés les concernant.

— Non, Romayne ne s'intéressait qu'aux billets de banque !

Elle fut frappée par le ton acerbe de James.

— Vous parlez d'elle ainsi maintenant, mais vous l'avez sûrement aimée ?

James s'approcha de la fenêtre et regarda dehors un long moment avant de répondre.

— Oui, quand nous nous sommes mariés, je l'aimais.

Sa réponse fit mal à Vicky. Et alors ? Qu'espérait-elle entendre ? Qu'il n'avait jamais aimé Romayne ?

— Pourquoi l'avez-vous épousée ? demanda-t-elle malgré elle.

— Parce qu'elle correspondait à mes fantasmes d'adolescent.

Vicky retint une grimace de dépit. Avec sa silhouette menue, elle-même n'avait aucune chance de correspondre à un quelconque fantasme masculin. Pourquoi les hommes se laissaient-ils toujours mener par leur instinct sexuel ? Il faudrait qu'elle apprenne à Edmond à faire la différence entre l'attirance physique et l'amour.

— ... C'est aussi parce qu'elle parlait de fonder une famille et d'avoir des enfants avec moi.

Cette seconde explication la laissa perplexe. Que James attachât tant d'importance à la famille, c'était un bon point pour lui. Par contre, cela signifiait aussi que jamais il n'accepterait de se séparer des jumeaux.

— Malheureusement, cela n'a pas marché entre nous, ajouta-t-il avec amertume. Malgré tous mes efforts pour sauver notre couple. Et Dieu sait que j'y ai mis du mien !

Vicky était partagée entre le désir de le consoler du chagrin manifeste qu'il en éprouvait et de fuir à cause de la colère qui perçait dans sa voix. Elle ne tenait pas à en faire les frais.

— Il faut des efforts des deux côtés pour qu'un mariage ait des chances de durer. J'en parle en connaissance de cause. Et pourtant, j'ai moi-même tout essayé, affirma Vicky.

— Et vous ne pensez pas qu'un couple est voué à l'échec si l'un des deux partenaires n'a pas eu l'exemple d'un mariage réussi entre ses parents ?

— Absolument pas. Les miens ont été heureux ensemble pendant quarante ans et cela ne m'a pas empêchée de souhaiter divorcer au bout de quelques années.

James réfléchit aux paroles de Vicky. Etait-il possible qu'il ne fût pas le seul responsable ? Que son mariage avec Romayne n'eût pas survécu même s'il avait gardé de ses parents l'image d'un couple uni ? Ce qui n'était pas le cas.

— Pendant combien de temps avez-vous persévéré dans vos efforts avant de vous résoudre au divorce ? lui demanda-t-il.

Vicky s'apprêtait à répondre qu'elle n'avait pas eu besoin de recourir au divorce, l'imprudence de son mari au volant l'ayant rendue veuve avant même qu'elle en eût entamé la procédure. Elle se rappela alors qu'elle n'était pas censée être Vicky Sutton, mais Mme Lascoe.

Le moment n'était-il pas venu de lui dire toute la vérité ? D'un autre côté, la révélation de son imposture ne risquait-elle pas d'ajouter à la colère qu'il éprouvait déjà à l'évocation de son mariage raté ? Et, selon sa réaction, de lui ôter, à elle, toute chance d'obtenir la garde des enfants ?

Non, encore une fois, il valait mieux remettre cet aveu à plus tard. Quand James serait plus calme.

— Longtemps. Parfois, je me disais que c'était inutile. Et, parfois, que j'allais peut-être trouver un moyen de tout arranger. Heureusement, nous n'avons pas eu d'enfants.

Elle marqua un temps d'arrêt avant d'enchaîner :

— ... Comme ma cliente, qui, elle, a essayé d'en avoir, mais a perdu son mari dans un accident de voiture avant d'y être parvenue.

— Je connais la fin de l'histoire, dit James sobrement.

Vicky reprit donc :

— Pour ce qui est de l'exemple que l'on peut donner à ses enfants en tant que parents, ceux de ma cliente ont été parfaits. Elle a été heureuse auprès d'eux et sera une excellente mère pour les jumeaux, j'en suis convaincue. Pour l'instant, vous-même vous occupez très peu de leur éducation.

— Comment cela ? Je m'en soucie tous les jours ! se récria James.

— Non, c'est Nanny qui s'en charge. Vous vous contentez d'aller les voir une fois par jour. Mme Sutton, elle, pourra leur consacrer tout son temps.

— Il est hors de question que mes enfants quittent cette maison et, à plus forte raison, ce pays. Je vous l'ai déjà dit : ils sont anglais.

— Ma cliente veut bien en convenir. Mais il serait préférable pour eux qu'ils soient élevés par elle qui les aime que par une femme dont c'est seulement le métier et qui est payée pour le faire.

Cette remarque donna à réfléchir à James. Lui-même avait été élevé par une nurse et ne se souvenait pas qu'elle l'eût jamais serré dans ses bras par amour. Les seuls gestes d'affection qu'il ait connus dans son enfance, c'étaient ceux de sa tante Sophie quand elle lui rendait visite.

Mme Lascoe était en train de lui dire que sa cliente souhaitait prodiguer cette affection aux jumeaux ? Mais pour quel motif ? Tous les gens qu'il connaissait agissaient en toutes circonstances par intérêt, dans l'espoir d'obtenir quelque chose en retour. Quelle pouvait bien être la motivation de cette femme ? Elle faisait croire à Vicky que c'était par amour qu'elle était prête à consacrer tout son temps aux jumeaux. Mais ne cherchait-elle pas plutôt à profiter de leur rang social pour se faire admettre dans les milieux aisés de la société anglaise ? Ou peut-être espérait-elle qu'il la prenne en charge financièrement en échange des bons soins qu'elle prodiguerait aux enfants ? Vicky était sans doute trop naïve.

— Si ses motivations sont aussi pures que vous le dites et que tout ce qu'elle souhaite, c'est de pouvoir aimer mes enfants...

— *Ses* enfants. Vous, vous n'êtes rien pour elle en tant que personne.

— Quelle chance que la biologie et votre cliente ne soient pas en accord ! Ce que je veux dire c'est que, tôt ou tard, si elle est veuve, elle se remariera. Edmond et Marie seront alors soumis à l'autorité d'un autre homme.

— Ma cliente serait prête à renoncer à se remarier.

— Ne jouons pas sur les mots. Elle pourrait tout simplement se mettre en ménage avec un homme. Le résultat serait le même pour les jumeaux.

De frustration, Vicky se mordit la lèvre. Elle aurait voulu lui dire qu'elle ne s'engageait pas au nom de sa cliente, mais en son propre nom. Qu'elle était prête à faire ces promesses et à les tenir. Elle avait déjà vécu l'expérience du mariage et cela avait été un tel échec qu'elle n'était pas près de la retenter. Quoique...

Elle posa sur James un regard pensif. Si elle avait eu la chance d'épouser un homme comme lui, elle n'en serait pas là. Lui, aurait fait des efforts de son côté pour permettre à leur couple de durer.

— Mes enfants ne vivront jamais ailleurs que sous mon toit, dit-il d'un ton sans réplique.

— Cessez donc de vous soucier uniquement de vos propres désirs. Et leur bien-être, y avez-vous songé ? Tous les enfants ont besoin d'une mère. Croyez-vous qu'ils vous seront reconnaissants de les avoir privés de la leur ? Et de vous être battu avec elle sur la question de leur garde ?

— La garde des enfants, je l'ai déjà. Ce serait donc votre cliente la responsable de cette bataille.

— Quelle mauvaise foi ! Je refuse de poursuivre cette discussion puérile.

— Est-ce à dire que vous vous rendez à mes arguments ?

— Certainement pas ! Ce que je voudrais, c'est élever le niveau du débat.

— Le problème, c'est qu'il n'est pas question de niveau intellectuel, mais de charge émotionnelle ; votre cliente veut avoir mes enfants...

— Encore une fois, ce sont aussi les siens ! Et plus vite vous en conviendrez, mieux ce sera.

— Si je n'en étais pas convenu, je ne vous aurais jamais autorisée à venir.

— Je parle de l'admettre sur le plan émotif, non intellectuellement.

James passa une main dans ses cheveux dans un geste de frustration.

— J'essaie, bon sang ! Mais je ne suis pas très fort en matière d'émotions.

— Eh bien, il suffit d'un peu de pratique !

James en demeura muet de stupeur. Puis une lueur malicieuse passa dans son regard. Une lueur qui fit frissonner Vicky de désir.

— Voulez-vous m'y aider ?

— Oui, je veux bien, répondit-elle prudemment.

— Je savais qu'une intellectuelle comme vous encouragerait ma bonne volonté.

L'excitation de Vicky retomba aussitôt. Une fois dans sa vie, un homme ne pouvait-il la considérer avant tout comme une femme attirante plutôt que comme une personne intelligente ? A peine eut-elle formulé cette pensée que les bras de James l'enlacèrent.

Surprise, elle leva la tête vers lui. Elle ne voyait plus que ses lèvres tentantes, son sourire étincelant, et, avant qu'elle ait compris ce qui lui arrivait, il écrasa sa bouche sur la sienne tout en plaquant son corps contre le sien. Elle sentit un délicieux frisson la parcourir, ses bouts de seins se durcir, son corps fondre de désir.

Elle se mit à trembler tandis que la pression des lèvres de James s'accentuait. Que sa langue s'insinuait dans sa bouche, l'explorait avidement. Sans ses bras solides autour d'elle, elle se serait écroulée. Elle laissa échapper un petit grognement de désir. Elle mourait d'envie de s'offrir à lui, de sentir sa peau nue contre la sienne, de caresser sa poitrine, son ventre velu…

C'est à ce moment qu'une sonnerie retentit. L'étreinte de James se relâcha aussitôt, elle en éprouva un terrible sentiment d'abandon et rouvrit péniblement les yeux. Seule l'expression tendue de James prouvant qu'il partageait la même émotion la réconforta.

— Arrêtez cela, lui dit-il.

Dans sa confusion, il lui fallut quelques secondes pour analyser l'origine du bruit importun : c'était l'alarme de la montre qu'elle portait au poignet. Elle l'arrêta aussitôt et jeta un regard nerveux vers James.

— Pourquoi l'avez-vous fait sonner ? lui demanda-t-il d'une voix presque normale qui la rassura.

— C'était pour me rappeler d'aller lire une histoire aux enfants avant qu'ils ne s'endorment.

En regardant son visage aux traits délicats, James dut se retenir pour ne pas l'embrasser de nouveau. Ou se mettre à crier de dépit. Comment pouvait-elle paraître aussi sereine alors qu'il avait, pour sa part, l'impression d'avoir tous les nerfs à vif ? N'avait-elle pas ressenti la même émotion que lui ?

En tout cas, elle ne l'avait pas giflé. Il fit un effort pour revouvrer ses esprits et décida de se comporter comme si de rien n'était. Elle serait encore là le lendemain. Son rythme cardiaque s'accéléra à cette pensée.

— Pourquoi voulez-vous leur lire une histoire ? lui demanda-t-il en l'accompagnant à la nursery. Ils sont trop petits pour comprendre.

— Détrompez-vous, répondit Vicky, qui faisait elle-même un effort pour reprendre contenance. D'abord, cela crée un lien affectif avec eux ; ensuite, cela participe à leur développement intellectuel.

James avait l'air sceptique.

— Vous désirez ? demanda Nanny lorsqu'ils entrèrent dans la nursery.

Elle était assise près des enfants, sur une couverture étendue à terre. Edmond bougeait ses petits pieds avec vigueur sous l'œil intéressé de Marie-Rose.

— Je viens lire une histoire aux enfants, répondit Vicky en se préparant à essuyer un refus.

— Excellente idée, répondit la nurse à son grand étonnement. Vous trouverez là un choix de livres, ajouta-t-elle en montrant une petite bibliothèque peinte en blanc sur le mur du fond. Je vais préparer leurs lits pour la nuit.

Vicky choisit un recueil de fables, puis elle s'installa sur la couverture et prit Edmond dans ses bras. Après un instant d'hésitation, James en fit autant avec Marie-Rose. Elle sentait sa cuisse contre la sienne et son bras contre le sien, mais elle s'efforça de cacher son trouble.

— Voilà, dit-il d'un ton satisfait en se serrant encore un peu plus. Comme cela, Marie-Rose pourra voir les images, elle aussi.

— C'est bien, commenta-t-elle gaiement en ouvrant le livre et le tenant loin des petites mains prédatrices d'Edmond. C'est la fable du corbeau et du renard. Je serai le corbeau et le narrateur ; et vous, vous serez le renard ; d'accord ?

— Moi ?

— Oui, vous. Cela fait partie du rôle des parents que de lire des histoires aux enfants.

— Votre chère Mme Sutton compte leur en lire six par jour ?

Vicky ignora sa remarque et se mit à lire l'histoire en modulant sa voix pour capter l'attention des enfants. Lorsque ce fut au tour du renard, James lut son texte d'une voix monocorde.

— Non, pas comme ça ! Mettez-y du sentiment, voyons !

— Mais je me sentirais ridicule !

— Plus tard, ils vous donneront bien d'autres occasions de vous sentir gêné en société, vous verrez. Essayez de vous rappeler quelques anecdotes ou incidents de votre enfance lorsque vous aviez l'occasion de sortir avec vos parents.

Une grande tristesse s'empara de James. Il n'avait pas le souvenir de s'être jamais trouvé en société avec ses parents. Les rares fois dans l'année où ceux-ci venaient le voir, ils ne l'emmenaient nulle part.

Si, grâce à lui, ses jumeaux pouvaient garder de meilleurs souvenirs que lui de leur enfance, il était prêt à tout, même à se sentir ridicule.

Prenant une grande inspiration, il ressortit sa tirade d'un ton tout à fait convaincant.

— Excellent ! lui lança Vicky.

Elle l'encouragea d'un sourire chaleureux qui le fit fondre de plaisir. Presque autant que le baiser qu'ils avaient échangé. Décidément, cette femme avait le pouvoir de le rendre fou.

La vie paraissait tellement plus intéressante en sa compagnie ! Et au vu de l'affection qu'elle manifestait à Edmond et Marie-Rose, elle ferait sûrement une mère formidable. Il était évident qu'elle aimait les enfants. James ne pouvait s'empêcher de se demander pourquoi elle n'en avait pas eu ? Son mari aurait-il refusé d'en avoir ?

A l'imaginer en train de s'occuper de ses jumeaux comme si c'était ses enfants à elle, il ressentit une folle excitation. Oui, le rôle de mère conviendrait parfaitement à cette ravissante et affectueuse jeune femme.

Et pour poursuivre son raisonnement jusqu'au bout, si cette femme devenait la mère de ses enfants, cela signifierait qu'auparavant, elle serait devenue... sa propre femme ! Et cette idée le remplissait d'une étrange sérénité. Voilà que tout d'un coup, il se mettait à envisager sa vie sous un jour bien surprenant ! Et tout cela grâce à l'irruption, certes bien mal accueillie dans un premier temps, de Vicky dans sa vie !

9.

James s'en voulait d'être incapable de se concentrer sur le plan de financement qu'il devait préparer pour M. Murchin. Malgré l'importance que ce dossier revêtait pour lui, son esprit retournait sans cesse vers Vicky.

Il se laissa aller contre le dossier de son fauteuil en cuir et ferma les yeux. Une image lui apparut aussitôt : Vicky en train de faire vivre la fable du corbeau et du renard pour les jumeaux. Son grand sourire d'approbation quand il avait accepté de se prêter au jeu. Il ne s'était pas senti aussi idiot qu'il l'aurait cru, mais, plutôt, récompensé. Une vague de chaleur envahit sa poitrine.

Quand Marie-Rose avait gazouillé en l'entendant imiter le renard, il en avait éprouvé une véritable euphorie. L'espace d'un instant, il avait eu l'impression de faire partie d'une famille et d'en être un élément apprécié.

Il se souvenait de ce qu'avait dit Vicky : il faut être deux pour assurer la réussite d'un mariage. Peut-être tout espoir n'était-il pas perdu ? Mais il lui fallait trouver une femme prête à aimer les jumeaux et s'en occuper.

Il revoyait la tendre expression de Vicky tandis qu'elle serrait Edmond contre elle et le baiser spontané qu'elle avait déposé sur son petit front quand il s'était mis à gazouiller de plaisir, lui aussi.

Comment pouvait-elle être aussi attirante sexuellement et à la fois aussi maternelle ? Elle qui avait connu, de son côté, un premier mariage raté, serait-elle prête à tenter l'aventure une seconde fois ? Avec lui, lui et ses deux enfants ? Elle semblait avoir pour eux une réelle affection : pourquoi la feindrait-elle ?

Il y avait bien un autre obstacle à la réalisation de ce plan idyllique : Mme Sutton, la mère biologique. Il avait un peu trop tendance à oublier que Vicky était là pour la représenter...

Mais, au fond, si elles avaient la même façon de voir les choses, peut-être Mme Sutton ne serait-elle pas une entrave dans l'éducation des jumeaux ? Vicky semblait penser le plus grand bien d'elle. Peut-être devrait-il l'autoriser à venir les voir, en fin de compte ? Lui-même pourrait ainsi se forger une opinion sur elle.

Quant à Vicky... il allait tout faire pour qu'elle s'attache à lui. Et pas plus tard que cet après-midi, à la vente aux enchères de *Beddlington Manor*.

Il regarda sa montre. Dans une heure et quart il l'emmènerait en voiture, il l'aurait donc pour lui tout seul. Cela lui donnerait une nouvelle occasion de l'embrasser. A cette pensée, son cœur se mit à battre à grands coups dans sa poitrine.

L'embrasser seulement ? Alors qu'il mourait d'envie de lui faire l'amour, encore et encore ?

« Non, il ne faut pas la bousculer », se raisonna-t-il. A vouloir aller trop vite, il risquait de la perdre.

*
* *

Vicky le regarda avec angoisse baisser sa vitre et tendre son carton d'invitation à l'homme en uniforme en faction à la grille du manoir.

— Bonjour, monsieur Thayer. Madame...

Malgré son ton respectueux, le garde l'examinait, elle, d'un regard méfiant.

— Mme Lascoe est avec moi, lui dit James.

Que ferait-elle si l'homme lui demandait une pièce d'identité ? Elle en avait plusieurs au nom de Mme Sutton, mais aucune au nom de Vicky Lascoe. Allait-elle être obligée d'avouer à James qui elle était réellement dans de telles circonstances, à cause d'un contrôle de sécurité ? A cette idée, la panique s'empara d'elle.

— Je n'ai pas de Mme Lascoe sur ma liste.

— Madame est une de mes parentes et elle séjourne actuellement chez moi, expliqua patiemment James.

Le garde hésita un instant qui sembla une éternité à Vicky.

— Très bien, Monsieur. Si vous vous portez garant de Madame...

— Bien entendu.

— Vous pouvez laisser votre voiture ici. Quelqu'un se chargera de la garer.

Vicky se hâta de descendre de la Mercedes avant que le garde ne change d'avis.

— Dans les ventes aux enchères privées auxquelles j'assiste habituellement, il n'y a pas de contrôle d'identité à l'entrée, dit-elle à James tout en marchant, pour le cas où il aurait remarqué sa nervosité.

— C'est qu'ici, on présente aujourd'hui des pièces de très grande valeur. Derwood collectionnait, entre autres, les œuvres des impressionnistes français. Il possédait quelques Monet dignes d'être exposés dans un musée.

— Je suis étonnée que la vente ait lieu ici.

Tout en marchant, Vicky regardait avec curiosité les jardins très classiques qu'ils traversaient. Il avait beau être extrêmement bien entretenu, ce manoir-ci ne revêtait pas à ses yeux le charme de *Thayer House*.

— Les vrais collectionneurs d'art préfèrent les ventes privées. Pour des raisons de discrétion. Et parce qu'il est plus difficile pour les voleurs spécialisés de se cacher à la campagne.

— Où sont les cartes anciennes qui vous tentent ? demanda Vicky en pénétrant dans le vaste hall d'entrée avec l'appréhension de tomber sur un autre garde, plus zélé encore que le premier.

— Dans la galerie du premier étage, répondit James après avoir consulté son catalogue. Il y a aussi quelques belles statues romaines dans l'autre aile. Voulez-vous que nous allions les voir tout de suite ?

Vicky faillit se laisser tenter.

— Non, non. Nous irons plus tard, s'il reste du temps.

Le sourire reconnaissant de James lui arracha un frisson de plaisir malgré sa nervosité. Elle mourait d'envie de se jeter dans ses bras et de l'embrasser.

La salle où étaient exposées les cartes était déserte à l'exception d'un gardien. Vicky s'en étonna.

— Il n'y a personne. Cela veut-il dire que vous serez le seul enchérisseur ?

— J'en doute. Ceux qui s'y intéressent vraiment les auront déjà fait authentifier. Elles sont vraiment magnifiques.

James s'approcha pour mieux en observer les détails. Pendant qu'il les admirait, visiblement fasciné, Vicky le regardait, lui. Avec son expression concentrée, il paraissait plus jeune ; et plus abordable.

— Je suis impressionné à l'idée qu'elles datent de plus de huit cents ans, dit-il.

— Moi, c'est plutôt en pensant aux explorateurs qui ont fourni les données nécessaires aux cartographes que je suis épatée.

— Partir découvrir des contrées inconnues était en effet une périlleuse aventure. Mais elle en valait la peine. Les connaissances que ces hommes ont rapportées de leurs voyages sont encore d'un grand profit à l'humanité, même des siècles plus tard.

— Car tous étaient des hommes, bien sûr, persifla Vicky. On n'aurait jamais laissé une femme se lancer dans ce genre d'aventure.

James rit de son expression indignée.

— Mais les femmes de l'époque ont, elles aussi, laissé une trace de leur vie à la postérité. Venez. Je vais vous montrer quelque chose.

Quand il lui prit le bras d'un geste qui pouvait paraître naturel, elle sentit la chaleur de ses doigts traverser le tissu léger de sa veste et envahir toutes ses terminaisons nerveuses. Elle lui jeta un petit coup d'œil en coin. James avait l'air impassible, comme s'il ne l'avait pas sentie frissonner. Sous la veste de son costume gris, elle voyait saillir ses muscles. Comme elle aurait aimé glisser une main sous sa chemise, caresser son torse puissant... !

« On se calme ! se dit-elle. Tu as autant de chances de te retrouver en train de faire l'amour avec lui que de lui faire accepter une garde partagée des jumeaux. »

Le fait qu'il l'eût embrassée ne voulait peut-être rien dire dans ce monde sophistiqué où il évoluait et dont elle se sentait tellement étrangère ! Cette pensée la déprima quelque peu, mais elle refusa de se laisser intimider par leurs différences. Ils avaient aussi beaucoup de choses en commun. Tous deux avaient survécu à des mariages ratés, tous deux partageaient la même passion pour les antiquités.

Et surtout, ils avaient en commun deux enfants. Lui comme elle pensait que Marie-Rose et Edmond étaient les bébés les plus extraordinaires du monde.

James l'entraîna dans une grande salle où étaient exposées d'immenses tapisseries, qui pendaient du plafond.

— Pendant que ces aventuriers découvraient de nouveaux continents, voici les œuvres réalisées par leurs épouses délaissées. Celles-ci datent de la même époque que les cartes.

— Quelle finesse d'exécution ! Que d'heures de travail cela représente ! s'exclama Vicky en scrutant l'un des canevas.

— Il est vrai qu'elles n'avaient rien d'autre à faire en l'absence de leur mari...

— Comment donc ! Et élever leurs enfants ? Par le passé, l'aristocratie avait un peu trop tendance à déléguer cette tâche à des servantes. Remarquez, si l'on prend votre exemple, cette tradition perdure en Angleterre. Vous-même confiez bien l'éducation de Marie-Rose et d'Edmond à une nurse.

— Ce n'est pas pareil ! se défendit James. Moi, je n'ai pas de femme pour s'occuper d'eux.

— Vos enfants ont une mère biologique qui ne demande que cela : ma cliente. Mais vous vous êtes fermé à cette idée depuis le départ.

— Qui me dit qu'elle en serait capable ?

— Si vous refusez de la rencontrer, vous ne le saurez jamais.

James fronça les sourcils en se souvenant de la décision qu'il avait envisagé de prendre deux heures plus tôt. Il espérait ne pas commettre une grave erreur en acceptant la confrontation qu'il avait refusée jusque-là. Pour le bien-être de ses enfants, comme pour le sien...

— C'est bon. Vous avez gagné, dit-il après un temps de silence. J'accepte qu'elle vienne !

Vicky fit volte-face et le regarda, interloquée.

— Vous acceptez ?

— Oui. Votre chère Mme Sutton peut venir voir les jumeaux. Il y a une petite maison derrière la serre, où elle pourra s'installer le temps de son séjour.

« Formidable ! », pensa Vicky. Ainsi, elle pourrait profiter des jumeaux dans l'intimité d'une habitation séparée, sans avoir en permanence Nanny sur le dos pour la surveiller.

Oui, mais James ignorait toujours que Mme Sutton et elle ne faisaient qu'une seule et même personne. Comment allait-il réagir quand elle le lui avouerait ? Maintiendrait-il sa proposition ou, furieux d'avoir été abusé, la mettrait-il à la porte sur-le-champ ?

Elle s'en voulait de lui avoir menti, mais, sans ce subterfuge, elle ne serait pas là aujourd'hui, à la place de son avocate, Me Lascoe, qui n'avait, d'ailleurs, pas très envie d'abandonner son fiancé et son cabinet débordé.

Et Me Lascoe n'aurait peut-être pas réussi à obtenir ce qu'elle venait d'obtenir.

Il fallait vraiment qu'elle dise la vérité à James au plus tôt. Le moment n'était pas opportun pour cela, car James s'apprêtait à participer à des enchères qui lui tenaient à cœur ; si elle le perturbait avec une révélation de cette ampleur, il risquait de lui en vouloir encore plus. Mais dès ce soir, une fois les jumeaux couchés, elle lui dirait tout. Et, cette fois, elle ne remettrait pas son aveu à plus tard.

— Merci pour cette généreuse proposition, finit-elle par dire après un long silence.

— Je vous en prie.

James était surpris qu'elle ne manifestât pas davantage d'enthousiasme. Elle aurait dû être ravie d'avoir obtenu gain de cause. Or, son joli visage n'exprimait aucune joie ; Vicky paraissait même contrariée. Une idée affriolante lui traversa soudain l'esprit : se pourrait-il qu'elle fût déçue à l'idée que sa mission était terminée et qu'elle n'avait plus qu'à retourner aux Etats-Unis ? Serait-elle volontiers restée plus longtemps ?

Pour lui ?

Il n'y avait qu'un seul moyen de tester cette théorie. La salle des tapisseries était vide à l'exception du garde, qui, le nez plongé dans un roman, leur tournait le dos.

— Venez, je voudrais vous en montrer une particulièrement belle, lui dit-il en l'entraînant vers le fond de la salle.

Là, il s'arrêta devant une tapisserie moins grande que les autres, représentant une petite fille, la tête ceinte d'une couronne de fleurs bleues, appuyée contre une licorne au milieu d'un champ de fleurs multicolores.

— Elle est magnifique ! s'exclama Vicky, conquise.

— Oui, magnifique.

James avait prononcé ce mot sur un ton étrange qui lui fit tourner la tête ; c'était elle qu'il regardait, l'air émerveillé. Non, c'était impossible ; il ne pouvait pas l'avoir gratifiée d'un tel qualificatif, lui qui était habitué à côtoyer les plus jolies femmes de l'aristocratie anglaise. Son ex-épouse en était un bel exemple.

— Cette petite fille me fait un peu penser à Marie-Rose, dit-elle pour cacher son émoi. Elle a les mêmes cheveux blonds et la même expression de douceur.

— C'est vrai, renchérit James, toujours tourné vers elle.

En voyant l'éclat de son regard, elle comprit qu'il avait envie de l'embrasser et se rapprocha légèrement de lui. Aussitôt, ses deux bras musclés se refermèrent sur elle, il l'attira contre lui et écrasa sa bouche chaude sur la sienne.

Quand sa langue s'insinua entre ses lèvres, elle se sentit défaillir de plaisir. Leur baiser passionné dura un long moment, jusqu'à ce qu'une voix nasillarde se fasse entendre à l'autre bout de la salle, les ramenant brutalement à la réalité.

Ils se séparèrent vivement et le regret qu'elle perçut dans son regard la consola de sa propre frustration.

— [illegible] [illegible] les [illegible] [illegible]
[illegible] maintenant.

[illegible]

[illegible]

[illegible]

[illegible]

Quand [illegible]

[illegible]

[illegible] 134

10.

— Voilà un après-midi réussi, déclara James d'un ton satisfait en se garant devant le manoir.

Si le succès se mesurait à l'argent dépensé, en effet, c'était une réussite ! Vicky jeta un coup d'œil aux deux cartes anciennes et à la tapisserie à la licorne posées sur le siège arrière de la voiture. Elle n'avait jamais vu de telles sommes d'argent changer de mains aussi rapidement.

— Pouvez-vous prendre la tapisserie pendant que je me charge des cartes ? lui demanda James en sortant de la voiture.

— Oui, bien sûr.

Pour elle, c'était sur un plan personnel que cet après-midi resterait inoubliable. Non seulement à cause du baiser volé, mais parce que James s'était montré tout à fait charmant et drôle. Avec ses apartés pleins d'esprit durant la vente, elle avait eu du mal à garder son sérieux. Mais surtout, il lui avait fait éprouver un délicieux sentiment de connivence. Comme s'ils formaient un couple, tous les deux.

Elle avait déjà été attirée physiquement par des hommes, bien sûr, mais jamais à ce point. D'autres avaient su la faire rire, mais aucun ne lui avait plu à la fois d'un point de vue physique et mental comme James. Sans même parler des sentiments qu'il lui inspirait en tant que père de ses enfants...

Elle comprit soudain ce qui était en train de lui arriver : elle était amoureuse de cet homme et c'était bel et bien une catastrophe ! Elle ne pouvait pas se le permettre. L'apprécier, oui ; cela faciliterait leurs relations concernant les enfants. Mais en être amoureuse, non ! Cela compliquerait trop sa vie. Et il était hors de question qu'il découvre ses sentiments ; elle ne voulait pas de sa pitié ; à choisir, elle préférait sa colère. Comment avait-elle pu se mettre dans un pétrin pareil en si peu de temps ?

— Vous avez l'air inquiet, remarqua James en souriant. N'ayez crainte. Cette tapisserie a résisté aux siècles passés. Vous ne risquez pas de l'abîmer simplement en la portant.

— Je me demandais seulement pourquoi vous l'aviez achetée. Je ne savais pas qu'elle vous intéressait.

En effet, ce n'était pas à la tapisserie qu'il s'intéressait. mais à la jeune femme qu'il avait embrassée à l'abri de la riche tenture, et qui avait trouvé une ressemblance entre le personnage et sa petite Marie-Rose. C'était pour elle qu'il l'avait achetée. Mais il ne pouvait le lui avouer ; elle croirait qu'il essayait de l'acheter avec un cadeau de prix.

Pourquoi n'avait-il pas eu la chance de la rencontrer dans d'autres circonstances ? Le fait qu'elle soit là pour représenter Mme Sutton et débattre avec lui de la garde des jumeaux compliquait tout.

— C'est à cause de votre réflexion à propos de la ressemblance de la petite fille avec la mienne. Marie-Rose sera contente de l'avoir, quand elle sera plus grande.

Comme Beech, le majordome, venait à leur rencontre, James le chargea de porter les cartes dans la salle des munitions.

— La tapisserie, nous la gardons pour la montrer à ma tante. Est-elle dans ses appartements ?

— Heu... C'est que Madame est sortie, répondit Beech, l'air embarrassé.

— Eh bien, où est le problème ?

— Lady Sophronia est partie à pied au village et n'a pas voulu qu'on l'accompagne en voiture. Et...

— Et quoi ? demanda James en fronçant les sourcils. Ne me dites pas qu'elle portait tous ses bijoux ?

— Euh !... si, Monsieur, répondit Beech, l'air accablé.

James tourna les talons et repartit aussitôt en direction de sa voiture. Vicky confia la tapisserie à Beech et s'élança derrière lui pour le rattraper.

— Que craignez-vous, James ? Qu'on se moque des goûts extravagants de votre tante ? Les gens dont l'opinion vous importe sont sûrement pleins d'indulgence envers elle, alors, si cela l'amuse de porter toute cette pacotille...

James s'immobilisa si brusquement qu'elle faillit buter contre lui. Ses mâchoires serrées et son regard noir de colère étaient impressionnants.

— Ce n'est pas de la pacotille ! Ce sont de vrais bijoux ! Elle porte sur elle des bijoux d'une valeur de plusieurs milliers de livres ! Alors imaginez ce qui peut lui arriver si elle croise quelqu'un de mal intentionné !

Vicky le considéra d'un air incrédule.

— Ce n'est pas possible ! Rien que la bague en zircon qu'elle avait hier soir au dîner doit peser au moins vingt-cinq carats...

— Trente-deux, pour être plus exact ! Et ce n'est pas une bague en zircon, mais c'est un diamant. Sans parler de tout le reste... Vous comprenez mieux pourquoi je m'inquiète ? dit-il avec humeur.

A peine fut-elle montée dans la voiture qu'il démarra en trombe. Il roula à vive allure et en silence jusqu'au village, puis, arrivé au début de la grand-rue, il se gara devant un bâtiment de brique rouge. Il descendit prestement du véhicule et pénétra à l'intérieur, Vicky sur les talons.

Guidé par le son de voix féminines lancées dans une discussion animée, il ouvrit la porte d'une grande salle où étaient rassemblées une quarantaine de femmes de tous les âges, assises en face d'une estrade.

La présidente, une grosse dame au chapeau rouge ridicule, resta bouche bée en le voyant faire irruption dans la pièce. Les deux femmes qui semblaient se chamailler s'interrompirent.

— M. Thayer ! Que nous vaut...

— Je viens chercher ma tante, l'interrompit-il sèchement en repérant Sophie au premier rang.

— James, mon petit ! s'exclama celle-ci, ravie, en se levant. Tu tombes bien, je commençais à trouver cette discussion ennuyeuse. Eh bien, au revoir, mes amies, à la semaine prochaine !

Sophie sortit derrière James et Vicky au milieu d'un chœur parfait de « Au revoir, Lady Sophie ».

— Tu sais, j'aurais très bien pu rentrer à pied, reprit-elle une fois installée dans la voiture.

— Pas avec cette fortune que tu portes sur toi !

— Et moi qui vous encourageais à les porter pour sortir, croyant que c'étaient des faux ! commenta Vicky pour détendre l'atmosphère.

— Des faux ! Pas chez les Thayer ! s'exclama Sophie. Le père de James était un homme d'affaires avisé qui a réussi dans toutes ses entreprises. Il n'était pas comme ces aristocrates oisifs et flambeurs qui dilapident leur patrimoine.

— Je vous dois des excuses, James, pour vous avoir trouvé trop dur avec Sophie.

Il accepta ses excuses d'un hochement de tête en se disant que c'était bien la première fois qu'il entendait une femme reconnaître ses torts. Romayne, elle, ne l'avait jamais fait. Au contraire, elle se débrouillait toujours pour retourner les situations en sa faveur, même quand elle avait tort.

— Je comprends mieux l'inquiétude de James, reprit-elle à l'intention de Sophie. Vous imaginez si vous vous étiez fait agresser sur la route ? On aurait pu vous tuer pour cela. Et les jumeaux n'auraient jamais connu leur grand-tante !

— Peuh ! Pour ce que je les vois ! dit Sophie d'un air dépité. Cette maudite nurse ne me laisse pas les approcher !

— Que diriez-vous d'un pacte entre James et vous ? Vous pourriez lui promettre de ne plus jamais sortir seule, parée de tous vos bijoux, et, en échange, il exigerait de Nanny qu'elle vous laisse voir les enfants chaque fois que vous en auriez envie... Sauf, bien sûr, pendant leur sieste. Vous seriez d'accord, James ?

Il se tourna vers elle avec une expression amusée.

— Marché conclu ! Quel talent vous devez avoir à la barre ! Eh bien, si vous promettez, tante Sophie, je parlerai dès ce soir à Nanny.

— Bon, bon, concéda la vieille dame en soupirant. Je continue de penser que tu te fais du souci pour rien, mais si cela te tient tant à cœur, je veux bien te promettre de ne plus recommencer, mon garçon.

— A la bonne heure ! s'écria James, le visage enfin détendu.

Son grand sourire s'adressait autant à sa tante qu'à Vicky, qui en éprouva un délicieux sentiment de complicité.

Malheureusement, ce moment de joyeuse détente ne dura pas longtemps. Esmee les attendait de pied ferme sur le perron du manoir. Sitôt qu'elle vit approcher la voiture de James, elle brandit triomphalement une enveloppe kraft qu'elle tenait à la main.

— Te voilà enfin, James ! J'ai des nouvelles fort déplaisantes pour toi. Si tu m'avais écoutée depuis le début... Sais-tu qui est cette femme ?

Elle tendit un doigt accusateur vers Vicky, qui sentit son estomac se nouer d'angoisse.

— Je ne suis pas d'humeur à jouer aux devinettes, Esmee, répondit James d'un ton exaspéré. Venons-en au fait.

— Ce n'est pas du tout une parente, comme elle vous l'a fait croire en prétendant s'appeler Lascoe ! Elle n'est même pas d'origine anglaise, mais est issue d'une famille d'Italiens émigrés aux Etats-Unis. Son vrai nom est Sutton. Elle t'a trompé pour s'introduire frauduleusement à *Thayer House* dans je ne sais quel but.

— Pour pouvoir voler l'argenterie, sans doute, dit Sophie d'un ton sarcastique en jetant à Esmee un regard dégoûté.

Celle-ci ignora sa remarque et tendit à James l'enveloppe qu'elle agitait depuis le début.

— J'ai engagé un détective privé pour mener une enquête sur elle.

Vicky trouva le courage de se tourner vers James. Son regard froid et dur lui glaça le sang.

Sans un mot, il tourna les talons et s'en fut vers ses appartements tandis qu'elle le regardait s'éloigner, le cœur brisé.

11.

James referma d'une main tremblante la porte de son bureau derrière lui et marcha d'un pas raide vers la porte-fenêtre. Un chaud soleil de fin d'après-midi inondait la pièce, mais il se sentait glacé jusqu'aux os.

« Décidément, se dit-il, tu tombes toujours sur le même genre de femmes : Romayne d'abord, Vicky ensuite. » Toutes les deux n'étaient intéressées que par sa fortune, pas par lui personnellement. Et il s'était laissé berner par les deux.

Mais la trahison de Vicky était celle qui lui faisait le plus mal. Il ne connaissait pas la jeune femme depuis longtemps, aussi était-il étonné de l'intensité de la souffrance qu'il éprouvait.

La vérité effrayante se fit jour à travers son subconscient : il l'aimait.

Accablé, anéanti par un terrible sentiment d'impuissance, il serra les poings de toutes ses forces, luttant contre l'envie de se défouler sur un objet ou de noyer son chagrin dans l'alcool.

Non, c'était un comportement indigne d'un père responsable qui se devait d'être un exemple pour ses enfants en toutes circonstances.

Qu'allait-il faire ? La femme qu'il aimait existait-elle réellement ? Il fixa aveuglément le mur crème en face de lui comme s'il pouvait y trouver la réponse.

Il n'avait pourtant pas cherché à tomber amoureux. Au contraire, après son échec avec Romayne, il avait décidé de ne plus jamais se laisser guider par ses émotions. Il croyait s'être endurci... Et voilà où il en était.

A quoi bon chercher pourquoi ou comment il était tombé amoureux de Vicky Las... enfin... Vicky Sutton. Le fait était là.

Il poussa un long soupir de désespoir.

— Vous allez partir sur-le-champ, je suppose ? demanda Esmee à Vicky d'un ton triomphant. Je vous accompagne à la gare et je vous ferai envoyer vos bagages. Maintenant que James sait qui vous êtes, il vaut mieux que vous ne reparaissiez plus devant la famille.

Vicky était partagée entre l'envie de la gifler et de courir se réfugier dans un coin où elle pourrait épancher tout le chagrin qu'elle éprouvait à l'idée de ne plus jamais revoir James.

— La famille ?

C'était la voix de Sophie qui s'élevait, impérieuse, derrière elle. Dans son émoi, Vicky l'avait complètement oubliée.

— Mais qui êtes-vous, Esmee, pour vous permettre de prendre des décisions au nom de la famille Thayer ? J'ai supporté pendant des années votre terrible manque de tact parce que votre défunte grand-mère était ma meilleure amie. Mais aujourd'hui, vous avez dépassé les bornes.

— Vous n'êtes qu'une vieille toquée qui ne sert plus à rien ! railla Esmee l'air mauvais.

Vicky se rapprocha de la frêle silhouette de Sophie, craignant qu'Esmee, dans sa colère, ne la bouscule, mais, à sa grande surprise, Sophie se redressa de toute sa hauteur.

— Sortez d'ici, Esmee ! dit-elle avec froideur. Vous avez obtenu ce que vous espériez : semer le trouble. Mais vous avez commis une grave erreur d'appréciation.

Esmee parut quelque peu déstabilisée.

— Très bien, je m'en vais... Mais quand James et moi serons mariés...

— Ne vous faites aucune illusion là-dessus, James ne vous épousera jamais. Il ne fait que vous supporter, lui aussi. Allons, sortez immédiatement sinon j'appelle Beech qui vous flanquera dehors.

Esmee devint cramoisie, et, avec un dernier regard haineux en direction de Sophie et de Vicky, elle tourna les talons et se dirigea vers la porte d'entrée.

— Je me suis toujours demandé si sa mère n'avait pas commis un adultère, parce que cette langue de vipère ne ressemble vraiment en rien à sa grand-mère Emma, remarqua Sophie à voix haute d'un ton pensif.

— Euh... Sophie..., commença lentement Vicky. Ce qu'a dit Esmee n'est pas entièrement faux. Je ne suis pas Vicky Lascoe. Je suis Vicky Sutton.

— Qu'est-ce qu'un nom ? rétorqua la vieille dame avec un haussement d'épaules. Vous êtes toujours la même, n'est-ce pas ?

— Oui, certes...

Vicky se mordit la lèvre. Si son nom importait peu à Sophie, il n'en était sûrement pas de même pour James. Déçu par sa trahison, il allait lui demander de partir au plus vite.

Quand elle l'avait vu s'éloigner, elle avait eu l'impression que son cœur se déchirait. Que pouvait-elle faire ?

— Comment lui faire comprendre ? gémit-elle involontairement à voix haute.

— Je ne sais pas, répondit Sophie. Mais rester ici avec moi n'est sûrement pas la solution.

Vicky était terrorisée à la perspective d'une confrontation avec James. Il allait lui exprimer tout son mépris, lui dire qu'il ne voulait plus jamais la voir, lui interdire de chercher à revoir les enfants...

Elle ne pouvait pas supporter l'idée qu'il la rejette. Elle l'aimait tant...

Elle ferma les yeux douloureusement. Sophie la prit alors par les épaules.

— Allons, du nerf, ma fille ! Je croyais que les jeunes femmes modernes en avaient plus que cela ! Allez le trouver et mettez les choses au clair avec lui. Je crois qu'il vous apprécie, vous savez.

Un sanglot s'échappa de la gorge de Vicky.

— Vous avez raison, murmura-t-elle avec un pâle sourire.

Elle supposa que James avait trouvé refuge dans son bureau. Elle s'engagea dans le long couloir, les jambes tremblantes.

Arrivée devant la porte, elle déglutit péniblement et frappa d'une main tremblante.

— Entrez.

La voix de James n'avait rien d'engageant.

« Tant pis ! se dit-elle. Au point où tu en es, tu n'as plus rien à perdre. »

Elle rassembla tout son courage et ouvrit la porte. Son regard chercha aussitôt celui de James. Il la dévisageait froidement.

— Que voulez-vous ?

Ce qu'elle voulait ? Qu'il l'écoute, qu'il comprenne pourquoi elle avait agi ainsi, qu'il lui dise qu'il lui pardonnait, qu'il l'aimait...

« Allons, ne rêve pas ! » S'obligeant à se ressaisir, elle répondit d'une voix mal assurée :

— Je voudrais vous expliquer pourquoi...

— Pourquoi vous m'avez menti ?

— C'est vrai, je vous ai menti. C'est mon avocate qui devait venir mais, finalement, je n'ai pas supporté l'idée d'envoyer quelqu'un d'autre à ma place pour discuter de l'avenir de mes enfants. Car ce sont *mes* enfants, dit Vicky d'une voix plus forte. J'estimais que j'avais le droit de les voir, de les aimer... Et vous paraissiez si buté. Alors, à la dernière minute, j'ai décidé de me faire passer pour Me Lascoe...

— Vous m'avez menti, répéta James.

— C'est vrai, j'ai menti. Mais pas à vous personnellement. Je ne vous connaissais pas à ce moment-là. Vous étiez seulement le père de mes enfants, l'homme qui voulait m'empêcher de les voir. Vous n'aviez pas de réalité propre.

James s'obligea à détourner son regard vers la fenêtre. En dépit du fait qu'elle lui avait menti, qu'elle l'avait trompé, il n'avait qu'une envie : la prendre dans ses bras, l'embrasser, et chasser de son joli visage cette expression paniquée. Il avait beau se dire qu'il devait se préserver, qu'il devait faire preuve de bon sens, c'était plus fort que lui.

— Vous prétendez m'avoir menti pour être sûre que je vous laisse approcher des jumeaux. Mais une fois que vous les aviez vus, pourquoi ne pas m'avoir dit la vérité ? Pourquoi avoir continué de jouer la comédie ? Vous vous êtes sûrement rendu compte que je... que je vous... appréciais.

En voyant son regard peiné, Vicky en eut le cœur brisé. Elle n'avait pas voulu le faire souffrir et pourtant, elle l'avait fait, par manque de courage, en remettant toujours ses aveux à plus tard.

Elle devait donc essayer d'atténuer sa peine. Le seul moyen, c'était de lui dire *toute* la vérité. Il allait la rejeter encore plus violemment, mais peu lui importait sa propre souffrance ; elle se devait de réparer le mal qu'elle lui avait fait.

— Si je ne vous ai pas dit la vérité tout de suite, c'est parce que j'avais peur...

— Peur de quoi ? Ai-je vraiment l'air d'un ogre ?

— Oh non ! Cela aurait été plus facile si vous en aviez été un. Je me serais sentie moins coupable de vous mentir. Au début, je l'ai fait de peur que vous ne me chassiez avant que j'aie eu le temps d'apprendre à connaître les enfants. Et ensuite... ensuite... je suis tombée amoureuse de vous... et j'ai eu encore plus peur de votre réaction.

Voilà ! Elle avait mis son cœur à nu. Et tant pis pour les conséquences ! Elle cherchait désespérément une réaction sur le visage de James. Mais il restait de marbre. Seuls ses yeux trahissaient une violente émotion.

— Cela suffit, je ne supporte pas tous ces mensonges ! cria-t-il avec rage. N'en rajoutez pas !

Impressionnée, Vicky recula d'un pas.

— Je ne vous mens pas, James. Et croyez-moi, si je suis tombée amoureuse de vous, c'est bien malgré moi ; je ne l'ai pas cherché. Mais vous étiez si... vous étiez si...

Elle ne trouvait pas les mots. Comment pourrait-elle lui expliquer quelque chose qu'elle-même était incapable de comprendre ? C'était parce qu'il était lui, parce qu'elle était elle...

Elle poussa un long soupir d'impuissance.

— Inutile de poursuivre cette discussion. Vous aurez ce que vous souhaitiez. J'accepte le principe d'une garde partagée des jumeaux à condition que vous ne cherchiez pas à les emmener hors d'Angleterre.

Elle cligna des yeux, éberluée. Il acceptait ! Elle aurait dû sauter de joie. Oui, mais ce n'était plus seulement les enfants qu'elle voulait.

— Je vous remercie pour cette proposition. Je l'accepte bien volontiers.

Elle marqua un temps de silence avant de poursuivre.

— Mais les jumeaux ne sont plus la seule chose qui me tienne à cœur aujourd'hui. Je voudrais aussi vous parler de... de vous, de moi..., bafouilla-t-elle, de nous deux. Je ne sais plus où j'en suis ; tout ce que je sais, c'est que je suis folle de vous, James.

— Vous croyez que vous m'aimez ?

Il voulait tellement la croire. Jamais il n'avait rien désiré aussi ardemment. Mais si elle lui mentait encore, si cette confession n'était qu'une ruse, sa vie en serait définitivement détruite.

— Je ne crois pas, répondit-elle avec simplicité, je *sais* que je vous aime. Après le fiasco qu'a été mon premier mariage, je suis parfaitement capable de faire la différence...

— Vous pourriez très bien me dire cela uniquement pour obtenir la garde des jumeaux.

C'était comme s'il réfléchissait à voix haute. Aimer quelqu'un trop fort ne pouvait que conduire à la souffrance, mais il ne pouvait pas s'imaginer aimer Vicky autrement. Il était fou d'elle, de son visage, de son corps, de sa personnalité envoûtante.

— Je l'ai déjà, lui rappela-t-elle avec audace. Vous venez d'accepter la garde partagée.

Il ne l'avait pas oublié. Il aurait pensé qu'elle accueillerait cette proposition avec joie et s'en irait aussitôt, ayant obtenu satisfaction. Mais elle n'avait pas réagi ainsi. Bizarrement, on aurait dit qu'elle se moquait désormais de l'issue de sa requête. Que quelque chose d'autre lui importait plus encore. Quelque chose ou quelqu'un...

Peut-être lui disait-elle la vérité, cette fois ? Après tout, elle n'avait plus aucune raison de lui mentir.

Il tressaillit de joie à cette pensée. Mais oui ! Aussi inexplicable que cela lui parût, elle l'aimait sûrement !

Brusquement, la distance qui les séparait lui devint insupportable. Il se leva, contourna vivement son bureau et la prit dans ses bras.

Pendant un long moment, il se contenta du bonheur de sentir son corps contre lui, de s'imprégner de son parfum enivrant.

Vicky mit ses bras autour de son torse musclé pour se serrer davantage encore contre lui.

— Vous me croyez donc ? osa-t-elle lui demander en levant son visage vers lui.

D'une main, il lui prit délicatement le menton et plongea son regard dans le sien.

— Oui, je vous crois. Cela signifie que je vous aime passionnément et que je veux vous épouser le plus tôt possible.

En regardant ses lèvres, il sentit un frisson de désir le parcourir.

— Je veux bien, dit-elle simplement avant d'attirer son visage viril vers le sien.

En cet instant magique, elle ne regrettait plus rien de l'échec de son premier mariage. A présent, il lui permettait même de mesurer à quel point son amour pour James était unique et merveilleux.

Et quand il posa ses lèvres brûlantes sur les siennes, elle fut emplie d'un sentiment de béatitude absolue. Enfin elle était à sa place, là dans les bras de James, près de ses enfants.

HARLEQUIN

collection Horizon

PROCHAINS RENDEZ-VOUS LE

15 avril 2005

6 coeurs à conquérir (4e partie)

LE CADEAU DU DESTIN, de Melissa McClone • N°2000

Quand il aperçut Samantha Wilson, son amour d'adolescence, après huit ans de séparation, le cœur de Reed Connors se serra. Jamais il ne pourrait oublier la nuit magique qu'ils avaient passée ensemble. Pourtant, il était loin de s'imaginer à quel point leurs destins étaient scellés…

UN BEBE IMPREVU, de Karen Rose • N°2001

Posant une main protectrice sur son ventre, Olivia repensa à ce qui s'était produit cinq semaines auparavant. Elle avait perdu la tête ce soir-là en succombant au charme dévastateur du beau Lucas Hunter, son collègue. A présent, elle était enceinte et devait annoncer la nouvelle à Lucas…

UNE PRINCESSE À AIMER, de Cathie Linz • N°2002

Princes et princesses

Lasse du protocole, la princesse Vanessa von Volzemburg a décidé de prendre une semaine de vacances à New York et c'est le capitaine Mark Wilder qui a été chargé par les services secrets du roi de la surveiller. En tant que Marine, il est préparé à toutes les éventualités, mais jamais il n'a envisagé un jour tomber amoureux d'une princesse…

UN HERITAGE PROVIDENTIEL, de Carolyne Zane • N°2003

La magie d'une rencontre

Cynthia vit depuis quelques jours un conte de fées puisqu'elle hérite d'un somptueux manoir, et doit bientôt épouser Graham, son fiancé. Mais en faisant la rencontre d'Eric Wingate, le frère de Graham, Cynthia comprend qu'elle a enfin rencontré son prince charmant…

DEUX COEURS EN PARTAGE, de Judith McWilliams• N°2004

En quelques secondes, la vie de Jocelyne bascule : alors que son patron, qu'elle aime en secret, l'accompagne à l'aéroport, il est victime d'un accident de voiture et devient amnésique. Cédant à la folle passion qui l'anime, Jocelyne se fait passer pour son épouse pour vivre quelques jours d'intense bonheur avec lui…

Le sang du crépuscule, de Maggie Shayne • N°222
Son esprit est hanté par une femme — une belle gitane du nom de Sarafina. Mais il ignore si elle existe vraiment... Jusqu'au jour où, chargé d'une mission secrète, il croise son chemin. Pour la conquérir et, surtout, ne pas la perdre, il devra franchir des obstacles devant lesquels tout autre homme renoncerait...
« Nul n'explore mieux que Maggie Shayne les frontières obscures entre réalité et fantastique...»

Fatale destination, de Laurie Breton • N° 223
Profiler au FBI, Carolyn Monahan a choisi ce métier depuis le meurtre sauvage — et jamais élucidé — dont sa sœur avait été victime dix ans plus tôt. Et soudain, alors qu'elle enquête sur un serial killer qui terrorise la ville de Boston, elle reçoit des photos de sa sœur, prises après sa mort. Le criminel de Boston et le monstre qui a tué sa sœur ne sont-ils qu'un seul et même individu ? La rage au cœur, Carolyn se lance dans une impitoyable chasse à l'homme...

L'héritage meurtrier, de Jasmine Cresswell • N° 132
(réédition)
A la mort de son père, Isabella Joubert espère échapper enfin aux menaces que ses trafics illicites faisaient peser sur sa famille. Mais à peine a-t-elle hérité d'un mystérieux CD-rom, qu'elle voit sa maison mise à sac, sa voisine assassinée, et Sandro Marchese, un ancien amant, resurgir dans sa vie. Pour Isabella, c'est un combat de plus qui commence. Et il peut lui être aussi fatal que les autres...

OUI, je désire profiter de cette offre exceptionnelle. J'ai bien [illegible]

[illegible]

☐	AZUR	[illegible]
☐	[illegible]	[illegible]
☐	[illegible]	[illegible]
☐	LES HISTORIQUES	[illegible]
☐	[illegible]	[illegible]
☐	[illegible]	[illegible]
☐	[illegible]	[illegible]
☐	[illegible]	[illegible]
☐	[illegible]	[illegible]
☐	[illegible]	[illegible]
☐	[illegible]	[illegible]
☐	[illegible]	[illegible]

[illegible]

Renvoyez ce bon à : Service Lectrices Harlequin

[illegible]

N° d'abonnée [illegible]

Mme ☐ Mlle ☐ NOM

Prénom

Adresse

Code Postal ☐☐☐☐☐ Ville

Tél. ☐☐☐☐☐☐☐☐☐☐

Le Service Lectrices est à votre écoute au 01 45 82 44 26 du lundi au jeudi de 9h à 17h et le vendredi de 9h à [illegible]

[illegible]

Composé et édité par les
éditions Harlequin
Achevé d'imprimer en février 2005

BUSSIÈRE
GROUPE CPI

à Saint-Amand-Montrond (Cher)
Dépôt légal : mars 2005
N° d'imprimeur : 50242 — N° d'éditeur : 11173

Imprimé en France